U0924601

企业战略与商业信用

陈永凤　著

BUSINESS STRATEGY AND TRADE CREDIT

中国人民大学出版社
· 北京 ·

前　言

大量研究表明，在金融市场不发达的发展中国家以及经济面临转型的国家中，商业信用作为企业获取资金的非正规融资渠道，是企业发展的主要推动力。我国作为典型的转型经济中的发展中国家，虽然经济发展较快，金融发展却相对滞后，企业融资渠道有限，经济和金融体制都具有鲜明的政府干预特征，导致我国银行信贷资源的配置存在明显的“信贷歧视”行为，很多企业无法从正规渠道获取足够的资金，转而依靠上下游供应链提供的商业信用来满足其融资需求。商业信用这一非正规的融资方式在我国上市公司债务融资中的地位越来越突出，具有重要的研究意义，成为学术界和实务界关注的热点问题。

纵观现有关于商业信用的研究，主要围绕其大量存在或产生的原因来展开，分别从商业信用的供给和需求两个角度说明了商业信用大量、普遍存在的原因，并形成了两个主流理论——替代性融资理论和买方市场理论。那么到底有哪些具体因素会影响商业信用的规模呢，国内外学者从不同视角得出了不同的结论，一是与企业自身特征相关的微观因素，如企业的产权性质、规模、年龄、盈利能力、经营现金流量、市场地位、企业获得银行信贷的状况等；二是与企业外部环境有关的宏观因素，如货币政策、经济周期、金融环境、市场发展水平、产业竞争程度等。尽管商业信用的研究取得了丰硕的成果，但现有商业信用的研究却忽略了企业战略这一重要因素的影响。这也许是因为现有对企业战略类型的划分方法大部分只能通过对公司管理层进行访谈或调查获得，而利用公开的财务数据对企业战略进行客观计量较为困难，从而限制了企业战略的相关研究。Bentley et al.（2013）按照 Miles and Snow（1978，2003）的战略分类方法，利用公开可获得的财务数据构建评分模型，并按照各企业的得分确定其战略类型，得分越高，企业战略的激进程度越高，从而为企业战略的度量提供了解决办法，也为接下来企业战略影响财务行为和财务特征的一系列研究打开了一条路径。

商业信用是供给和需求共同作用下的结果。一方面，企业战略不同，意味着企业目标、市场定位、经营模式、组织结构、经营策略等均表现出不同，进而对企业的生产经营活动、经营管理等方方面面都会产生较大的差异，战略实施过程中需要投入的研发支出、营销费用等也会不同，导致企业对商业信用的需求不同；另一方面，企业战略不同，相应的产品特征、盈利能力、经营风险、不确定性、风险偏好、盈余管理程度等也不一样，导致供应商和客户对企业提供商业信用的意愿也不同。企业实行不同的战略会对商业信用产生什么样的影响，是值得研究的话题。

本书在此基础上利用现代企业财务的相关理论，借鉴 Bentley et al.（2013）的度量方法，以企业战略为切入点，探讨了企业战略对获取商业信用这一非正规的债务融资方式的影响；分别从企业战略影响商业信用的内在机理、企业自身的微观特征——市场地位对二者关系的调节作用以及宏观经济政策中的货币政策对二者关系的调节作用三个角度，论证了我国特定制度背景下，企业战略如何影响上市公司的债务融资行为，如何影响商业信用这一非正规的债务融资方式的规模等。

本书的主要贡献在于：第一，首次探讨了企业战略对企业债务融资方式选择的影响，深入分析了企业战略对企业债务融资方式中非正规融资方式——商业信用的影响，拓展了企业战略在财务和会计领域的研究，进一步从融资需求的角度理清了企业战略影响商业信用的路径。第二，从企业战略的角度丰富了商业信用的已有研究，进一步通过市场地位和货币政策对二者关系的调节作用，讨论了企业的债务融资方式和融资成本，深化了国内外学者在企业债务选择领域的研究，为后续商业信用的相关讨论奠定了一定的基础。第三，通过逐步引入微观企业特征和宏观货币政策，拓展了宏观经济政策与微观企业行为相结合的研究范畴。

本书的研究思路如下：首先，通过文献回顾分别梳理了国内外有关商业信用和企业战略的相关研究成果，在此基础上归纳了我国特定制度背景下企业战略与商业信用之间可能存在的研究问题。然后是实证研究部分，分别从企业战略是否影响商业信用，企业战略影响商业信用的内在机理，企业自身的微观特征——市场地位以及宏观经济政策中的货币政策分别对企业战略与商业信用二者关系的调节作用的角度，全面论证了我国上市公司的战略是如何影响其商业信用这一非正规的债务融资方式的。最后得到了如下主要结论：

1. 基于商业信用的替代性融资理论和企业实行不同的战略类型所导致的融资需求不同，探讨了企业战略激进程度对商业信用的影响。研究发现，企业战略越激进，获得的商业信用越多。

然后进一步细化讨论了企业战略激进程度分别对商业信用获取渠道和商业信用模式选择的影响。从商业信用的获取渠道来比较，无论是处于上游的供应商，还是处于下游的客户，企业战略越激进，获得的商业信用越多。从商业信用模式来比较，企业战略越激进，对交易成本较低的商业信用模式（如应付账款、预收账款）的使用越多。

最后，本书通过中介效应检验，对企业战略影响商业信用的内在机理进行了探讨。研究发现，实行进攻型战略的企业，其融资需求显著高于实施防御型战略的企业，而融资需求高的企业，获得的商业信用也高，Sobel 检验发现融资需求是企业战略影响商业信用的中介变量。

2. 基于商业信用的竞争性假说和其主要理论之一——买方市场理论，探讨了企业重要的微观特征之一——市场地位对企业战略与商业信用之间关系的调节作用。研究发现，市场地位越高，企业战略与商业信用之间的正相关关系越强。

然后进一步将企业按照面临的融资约束程度和所处行业的竞争程度进行分组，探讨企业的市场地位对企业战略与商业信用之间关系的调节作用是否有差异。研究发现，企业有融资约束时，市场地位越高，企业战略与商业信用之间的正相关关系显著增强；而企业无融资约束时，市场地位对二者关系的影响不显著。对所处行业竞争程度高的企业而言，其市场地位越高，企业战略与商业信用之间的正相关关系显著增强。在企业债务融资方式的选择上，市场地位越高，战略越激进的企业越倾向于选择融资成本较低的商业信用作为满足其融资需求的债务融资方式。

3. 通过引入货币政策这个宏观经济政策作为调节变量，探讨了货币政策对企业战略和商业信用之间关系的调节作用。研究发现，与货币政策宽松时期相比，企业处于货币政策紧缩时期时，企业战略与商业信用的正相关关系减弱。

产权性质是研究我国特殊制度背景下企业融资行为的一个重要因素，本书基于我国特有的制度背景所导致的信贷歧视，以产权性质作为分组依据，探讨国有企业和非国有企业在货币政策不同时期企业战略和商业信用之间关系的差异。研究发现，货币政策紧缩时期，国有企业在信贷方面受的冲击比民营企业小，企业战略与商业信用之间正相关关系的减弱效应只存在于国有企业中。

最后，结合市场地位这个重要的企业微观因素，探讨了当企业处于货币政策的不同时期时，市场地位对企业战略和商业信用之间关系的调节作用是否有差异。通过货币政策的分组检验发现，在货币政策紧缩时期，企业的市场地位越高，企业战略激进程度与商业信用的正相关关系越强。

本书的研究意义主要在于：从理论意义来说，第一，首次探讨了企业战略的激进程度对企业债务融资方式中的非正规融资方式——商业信用的影响，拓展了企业战略在财务和会计领域的研究。第二，研究企业战略激进程度对商业信用的影响，不仅丰富了商业信用的已有研究，还从企业战略视角论证了商业信用的替代性融资理论。第三，引入市场地位这个重要的微观企业特征，确认了市场地位对企业战略和商业信用之间关系的影响，进一步丰富和论证了商业信用的竞争性假说和买方市场理论。第四，选取货币政策作为研究切入点，讨论企业处于不同货币政策时期时，企业战略激进程度对其债务融资方式的影响，并分别结合企业的市场地位和产权性质，研究处于不同市场地位的企业或分属不同产权性质的企业在不同的货币政策时期采用不同的战略类型对商业信用的影响，有效拓展了宏观经济政策与微观企业行为的研究范畴。从实践意义来说，第一，为政府提升企业融资效率，鼓励企业创新提供决策依据。第二，为政府完善商业信用监管体系提供决策依据。第三，为上市公司采用不同的战略类型获取商业信用，改善公司绩效提供实践建议。

感谢我的导师林钢教授，感恩于导师多年来的言传身教和鼓励。感谢我在中国人民大学商学院攻读博士期间的导师组吴武清和袁蓉丽两位老师给予的指导和意见。还要感谢王化成、耿建新、宋建波、叶康涛、殷建红、张敏等老师，一次次督促、鼓励我坚持，给予耐心的指导。

最后，还要感谢我的家人对我的支持。这些年来，公公婆婆为了解除我的后顾之忧，一直放弃自己的老年生活，悉心照料两个孩子长大，照顾一大家人的生活起居，任劳任怨。感谢爱人的支持，为了让我安心写作，无数个周末独自背着背包、抱着小宝四处“流浪”。感谢我可爱的两个懂事的孩子，包容妈妈没有更多时间陪伴你们长大。感谢罗琛牺牲周末时间陪我跑数据、写代码。感谢我的两个温柔可爱的侄女在我写作期间帮我照顾家庭，还要时时帮我解决各种疑难杂症。

秋天是收获的季节，一路走来，虽历尽艰辛，却终不悔！

陈永凤

于中国人民大学

目　录

第1章 导 论

1.1 研究动机与研究意义

1.1.1 研究动机

企业之间在买卖商品时，通过延迟付款或延迟交货（即提前收款）所形成的借贷关系，就是以商品形态所获得的商业信用。大量研究表明，商业信用作为企业重要的短期融资渠道和市场竞争手段，在世界范围内普遍存在（Rajan and Zingales，1995）。美国约有70%的企业、英国约有80%的企业向客户提供商业信用（Petersen and Rajan，1997）。Coricelli（1996）、McMillan and Woodruff（1999）、Fisman and Love（2003）等人的研究表明，在金融市场不发达的发展中国家以及经济面临转型的国家，商业信用都有助于企业发展，是企业发展的主要推动力。Allen et al.（2005）的研究也表明，在金融体系尚不健全时，商业信用作为企业获取融资的重要渠道，对国民经济（尤其是非国有经济）的支持可能会超过银行贷款。而我国作为转型经济中的发展中国家，虽然经济发展较快，金融发展却相对滞后，企业融资渠道有限。长期以来金融体系以银行为主导，企业主要的融资来源是银行信贷。但特定的制度背景导致我国银行信贷资源的配置存在着较强的所有制歧视，国有控股的大中型商业银行控制着大量的信贷资源，存在明显的“信贷歧视”行为（王彦超，2014）。存在较强融资约束的企业难以从正规金融渠道获取所需资金时，会转而依靠供应商或客户提供的商业信用这种非正规的融资渠道来满足其融资需求。

表1-1列示了我国沪深A股上市公司2007—2016年期间，商业信用①（非正规的融资渠道）和银行借款②（正规的融资渠道）的年平均值。其中，商业信用以企业从上下游供应链所获取的商业信用总额占当年总资产的比重来衡量；银行借款以企业从银行获取的长短期银行借款之和占当年总资产的比重来衡量。从表1-1可以看出，沪深A股上市公司2007—2016年期间所获得的商业信用占总资产的比重平均达到了16.6%，这与同期银行长短期贷款占总资产的比例16.9%大致相当。但从年度变化趋势来看，银行借款的规模逐年下降，由2007年的21%下降到2015年的13.9%，而商业信用的使用规模则保持稳中略升。

① 商业信用=(应付账款+应付票据+预收账款)÷总资产

② 银行借款=(短期银行借款+长期银行借款)÷总资产

表 1-1 2007—2016 年商业信用与银行借款分别占总资产的比例

年份	商业信用	银行借款
2007	0.169	0.210
2008	0.169	0.207
2009	0.174	0.193
2010	0.167	0.165
2011	0.160	0.155
2012	0.160	0.150
2013	0.163	0.154
2014	0.163	0.145
2015	0.156	0.139
2016	0.181	0.171
年份平均	0.166	0.169

从图 1-1 可以更直观地看出商业信用与银行借款的规模变化与趋势对比。在 2010 年之前，银行借款的规模比商业信用高，但从 2010 年开始，商业信用的规模明显高于银行借款，这充分说明了商业信用这一非正规的融资方式在我国上市公司债务融资中的重要地位。

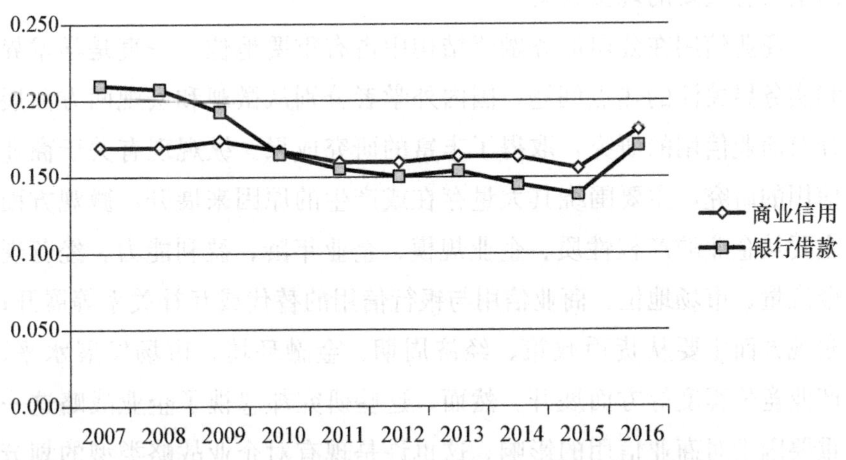

图 1-1 商业信用与银行借款分别占总资产的比例变化

这一客观现象也与国内外学者关于商业信用的研究结论一致。王彦超和林斌（2008）认为，在发展中国家，金融市场不发达，正规金融系统的信贷资源配置效率低于商业信用这种非正规的融资渠道。Ge and Qiu（2007）认为中国经济虽然实现了快速增长，但较差的融资环境、有限的融资渠道仍然制约着公司的发展；通过比较国有企业和民营企业的融资方式，发现我国民营企业难以从正规的金融渠道获取银行借款，更多通过获取商业信用来满足其资金需求，证明了商业信用在民营经济发展中所起的促进作用。石晓军和张顺明（2010）从生产函数的角度检验了商业信用通过缓解融资约束促进规模效率的提高，通过资源配置机制实现比银行借款更大的规模效率。

我国作为转型经济中的发展中国家，商业信用对经济增长和企业发展起到了重要作用（高善文，1997；王彦超和林斌，2008），具有重要的研究意义。当前我国经济进入新常态，增长速度放缓，商业信用在公司债务融资结构中的地位越来越重要（刘欢等，2015），对于企业生存和发展的意义日益突出，研究商业信用的促进和抑制因素具有重要的现实意义。

商业信用在公司债务融资结构中占有重要地位，一直是学术界和实务界关注的热点问题，国内外学者分别从微观和宏观两方面展开对商业信用的研究，取得了丰富的研究成果。纵观现有关于商业信用的研究，主要围绕其大量存在或产生的原因来展开，微观方面主要从企业的产权性质、企业规模、企业年龄、盈利能力、经营现金流量、市场地位、商业信用与银行信用的替代或互补关系等展开；宏观方面主要从货币政策、经济周期、金融环境、市场发展水平、产业竞争程度等方面展开。然而，这些研究却忽视了企业战略这一重要因素对商业信用的影响。这也许是现有对企业战略类型的划分方法大部分只能通过对公司管理层进行访谈或调查获得，利用现有

公开财务数据对企业战略进行客观计量较为困难所致。

王化成等（2011）提出，企业战略、经营模式所起的作用等问题还没有得到足够重视，应该加强企业战略对财务管理实践的研究。而企业战略无论是在国外还是在国内的财务、会计研究领域中都较少，这也许是因为现有对企业战略类型的划分方法大部分只能通过对公司管理层进行访谈或调查获得，而利用公开的财务数据对企业战略进行客观计量较为困难，限制了企业战略的相关研究。Bentley et al.（2013）的研究指出，Miles and Snow（1978，2003）依据企业产品和市场的更新速率将企业战略分为进攻型战略、防御型战略和分析型战略，这种分类方法不仅涵盖了已有的主流战略划分类型，还可以利用档案数据进行度量。为此，Bentley et al.（2013）利用财务数据将企业按照 Miles and Snow（1978，2003）的战略分类方法进行评分分类，解决了企业战略的度量难题，此后企业战略逐渐得到财务学者的关注和重视，关于企业战略影响财务行为和财务特征的研究开始展现。

纵观现有企业战略在会计、财务方面的文献，主要有两类，一类是从企业战略差异度入手，分析企业战略偏离行业常规的程度与会计信息的价值相关性（叶康涛等，2014）、银行借款契约（李志刚和施先旺，2016）、会计盈余管理行为选择（叶康涛等，2015）、企业现金持有（杨兴全和张兆慧，2018）、股价崩盘风险（侯德帅等，2018）、商业信用融资（黄波等，2018）等之间的关系。另一类是按照 Miles and Snow（1978，2003）对企业战略划分的类型，采用财务指标度量企业战略的不同类型后，分析企业采用不同的战略类型与财务报告舞弊（Bentley，2013）、税收规避（Higgins，2014）、股价崩盘风险（Habib，2014；孙健等，2016）、现金持有价值（程菲，2015）、过度投资（王化成等，2016）、盈余管理（孙健等，2016）、会计盈余特征（刘行，2016）、风险承担水平（张先治和柳志南，

2017)、企业经营绩效（王百强等，2018)、财务困境（高梦捷，2018）等之间的关系。从现有企业战略在会计、财务方面的研究可以看出，虽然有研究从战略差异度角度研究企业战略与银行借款契约（李志刚和施先旺，2016)、商业信用融资（黄波等，2018）之间的关系，但没有文献研究企业的战略类型对企业债务融资，进而对企业债务融资中的非正规融资方式——商业信用会产生什么影响。

企业采用不同类型的企业战略，相应的企业目标、市场定位、经营模式、组织结构等方面也不同（Miles and Snow，1978，2003)，进而对企业的生产经营活动、经营管理等方方面面产生的影响也会有较大的差异，商业信用作为企业营运资金的组成部分，必然也会受到企业战略类型的影响。那么企业战略对商业信用到底存在什么样的影响呢?

从商业信用的需求来看，企业战略不同，意味着企业目标、市场定位、经营模式、组织结构、经营策略等均表现出不同，进而对企业的生产经营活动、经营管理等方方面面都会产生较大的差异，战略实施过程中所需投入的研发支出、人力资源、营销费用等也会不同，这些都会影响企业的现金流，导致企业对融资的需求不同，进而对企业的融资方式和渠道产生不同的影响。

从供应商和客户对企业提供商业信用的意愿来说，企业战略不同，相应的产品特征、盈利能力、经营风险、不确定性、风险偏好、盈余管理程度等也不一样；而供应商或客户在与企业长期的业务交往中，比银行具有更强的信息优势，相应的提供商业信用的意愿也不一样。

商业信用是供给和需求共同作用下的结果，企业战略不同，导致企业对商业信用的需求不同，供应商和客户对企业提供商业信用的意愿也不同，企业实行不同的战略会对商业信用产生什么样的影响，是值得研究的话题。

1.1.2 研究视角

本书利用现代企业财务的相关理论，借鉴 Bentley et al.（2013）的度量方法，基于商业信用研究的已有成果（替代性融资理论和买方市场理论），以企业战略为切入点，探讨了企业战略对获取商业信用这一非正规债务融资方式的影响；分别从企业战略影响商业信用的内在机理、企业自身的微观特征——市场地位对二者关系的调节作用以及宏观经济政策中的货币政策对二者关系的调节作用三个角度，论证了我国特定制度背景下，企业战略如何影响上市公司的债务融资行为，如何影响商业信用这一非正规债务融资方式的规模等，并在讨论过程中将企业的微观特征和宏观的经济政策相结合，分别从微观和宏观两个角度进行以下几个方面的研究：

1. 企业战略对商业信用融资是否有影响？如果有影响，是正向还是负向？

2. 企业战略影响商业信用的内在机理是什么？即企业战略通过什么中介变量来影响商业信用？

3. 在我国上市公司中，商业信用的存在机理是什么？商业信用的替代性融资理论是否能解释企业战略对商业信用的影响？

4. 企业战略对商业信用不同的获取渠道分别有什么影响？

5. 企业战略对商业信用模式的选择有什么影响？

6. 引入企业的市场地位作为调节变量，市场地位是否会对实行不同战略类型的企业选择债务融资的方式产生冲击？市场地位越高、战略越激进的企业，是否倾向于选择成本较低的债务融资方式？

7. 市场地位是否影响企业战略与商业信用之间的关系？市场地位对企业战略与商业信用之间关系的影响，是否论证了商业信用的买方市场理论？

8. 当企业面临不同的融资约束程度时，市场地位对企业战略与商业信用之间关系的影响是否存在差异？

9. 当企业所处行业竞争程度不同时，市场地位对企业战略与商业信用之间关系的影响是否存在差异？

10. 引入宏观经济政策中的货币政策作为调节变量，货币政策是否影响企业战略与商业信用之间的关系？

11. 在我国特有的制度背景下，国有企业与非国有企业相比，货币政策对企业战略与商业信用之间关系的影响是否有差异？

12. 与宽松的货币政策时期相比，企业处于紧缩的货币政策时期时，不同的市场地位是否影响企业战略与商业信用之间的关系？

1.1.3 研究意义

1. 理论意义

本书的理论意义在于：

（1）首次探讨了企业战略的激进程度对企业债务融资方式选择的影响，特别是对企业债务融资方式中非正规融资方式——商业信用的影响，拓展了企业战略在财务和会计领域的研究。

本书按照 Miles and Snow（1978，2003）对企业战略的划分类型，参考 Bentley et al.（2013）利用财务数据对企业战略进行度量的方法，分析了企业战略对商业信用的影响，丰富了企业战略在会计和财务领域的研究，拓展了企业战略对财务管理实践的研究。

（2）丰富了商业信用的已有研究。现有关于商业信用的研究虽然取得了丰富的成果，但主要围绕其大量存在或产生的原因来展开，并由此形成了替代性融资理论和买方市场理论。微观方面主要从企业的产权性质、规模、年龄、盈利能力、经营现金流、市场地位、商业信用与银行信用的替代或互补关系等展开；宏观方面主要从货币政策、经济周期、金融环境、市场发展水平、产业竞争程度等方面展开。然而，这些研究却忽视了企业战略这一重要因素对商业信用的影响。作为企业全局性和长远性的规划，企业战略是企业一系列决策的起点和基础，必然会对企业的生产经营活动产生影响，进而对商业信用融资产生影响。本书从企业战略入手，研究企业采用不同的战略类型对商业信用的影响，不仅丰富了商业信用的已有研究，还从企业战略视角论证了商业信用的替代性融资理论。

（3）本书还进一步检验了市场地位这个重要的微观企业特征对企业战略和商业信用关系的影响，确认了企业所处市场地位不同，对企业战略和商业信用的影响不同，进一步丰富和论证了商业信用的买方市场理论和竞争性假说。

（4）拓展了宏观经济政策与微观企业行为相结合的研究范畴。2008年次贷危机之后，学术界更加关注宏观经济政策和外部环境对企业行为的作用机理。货币政策、经济周期、金融环境、金融危机等宏观经济政策和外部环境对企业投融资行为的影响日益成为研究热点。本书选取货币政策作为研究切入点，结合已有货币政策与商业信用的研究成果，讨论了企业处于不同货币政策时期时，企业战略对其债务融资方式的影响，并结合企业产权性质和市场地位，研究我国特有制度背景下，不同产权性质的企业在不同的货币政策时期采用不同的战略类型对商业信用的影响，有效拓展了宏观经济政策与微观企业行为的研究范畴。

2. 实践意义

（1）为政府提升企业融资效率，鼓励企业创新提供决策依据。

在 Miles and Snow（1978，2003）划分的企业战略类型中，进攻型企业战略最显著的两个特征是创新化和差异化，这也是实施进攻型战略的企业提升其核心竞争力的主要途径。但长期以来我国实施进攻型企业战略的上市公司占全部上市公司的比例仅为5.4%[①]，企业的创新能力还不够强，我国整体经济发展的质量和效益还不高，这在一定程度上与我国企业面临有限的融资渠道和信贷歧视有很大关系。因为实施进攻型战略的企业要想实现创新化和差异化，就需要不断加大研发投入和营销力度，大力开发新产品和新市场，在研发支出、人力资源、营销费用等方面需要大量支出，对资金的需求更强。如果企业不能有效解决其融资问题，那么实施进攻型战略的企业将会面临极大的市场风险，更容易陷入财务困境，最终导致失败。融资难极大地限制了我国上市公司在企业战略上的定位选择。

十九大报告中有大量关于创新的内容，将创新提到了前所未有的高度，明确提出要支持企业创新。2016年1月27日，国务院总理李克强主持召开国务院常务会议，引导金融机构加大对高新技术企业、重大技术装备等的信贷支持，促进培育发展新动能。2018年3月28日，国务院常务会议决定设立国家融资担保基金，带动各方资金鼓励企业创业创新。这些举措对激发企业创新活力、鼓励企业创业创新具有重要意义。本书研究企业采用不同的战略类型，特别是实施进攻型战略的企业在债务融资、商业信用方面的影响，能够有效帮助政府了解我国上市公司在企业战略方面的选择、商业信用的现状以及存在的问题，为政府制定合理的财政、货币政策，拓宽企业融资渠道，提升企业融资效率，促进企业的创新发展提供理论依据。

(2) 为上市公司采用不同的战略类型以获取商业信用，改善公司绩效提供实践建议。

在金融市场不发达的发展中国家以及经济面临转型的国家中，商业信用都有助于企业发展，是企业发展的主要推动力。在金融体

---

① 见第3章的描述性统计分析结果。

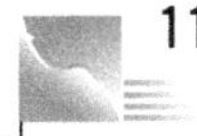

系尚不健全时，商业信用作为企业获取融资的重要渠道，对国民经济（尤其是非国有经济）的支持，可能会超过银行贷款。如何更好地发挥商业信用对公司经营绩效的促进作用便成为一个值得讨论的重要话题。本书通过实证研究方法检验了企业战略与商业信用之间的关系，进一步拓展研究企业的微观特征——市场地位和所处宏观环境——货币政策对二者关系的影响，有利于进一步揭示企业所处市场地位不同、所处不同货币政策时期时，实行不同的企业战略在获取商业信用融资方面的差别，尤其是采用进攻型企业战略在不同条件状态下获取商业信用融资的不同，有助于更好地发挥商业信用对企业发展和经济增长的作用。

1.2　基本概念界定

1.2.1　企业战略

为了在竞争中获取优势，发展核心竞争力，企业往往会根据市场环境和自身状况采取一系列综合性、协调性的约定和行动，即为企业战略（Hitt et al.，2015）。作为企业全局性和长远性的规划，企业战略是企业一系列决策的起点和基础（Chandler，1962），对企业的生存和发展具有重要影响。企业战略制定的恰当与否，是否能适应不断变化的经济环境，决定着企业经营活动的成败，是企业能否立于不败之地的关键因素。不恰当的企业战略，会导致企业核心竞争力下降，使企业面临经营困境，甚至破产。曾经辉煌一时的美国相机业巨头柯达、手机市场上不败的神话诺基亚等，都是因不能面对不断变化的市场环境调整其企业战略而导致其迅速没落、成为历史传说的典型案例。

企业采用不同类型的企业战略，其目标、组织结构等方面均不同（Miles and Snow，1978，2003），进而企业的生产经营活动、经营管理等方方面面都会产生较大的差异。

1.2.2 企业战略类型

关于企业战略的类型，管理学文献中有多种划分方式。Chandler（1962）提出“战略决定结构”的重要观点，企业采用不同的战略类型，相应的企业目标、市场定位、经营模式、组织结构等也不同。后续学者据此提出了多种划分方式，如 Porter（1980）提出的产品差异型战略和成本领先型战略，March（1991）提出的探索型战略和利用型战略，Treacy and Wiersema（1995）提出的产品领先型战略、高效运营型战略和亲密顾客型战略，Miles and Snow（1978，2003）提出的进攻型战略、防御型战略和分析型战略，等等。

这些划分方法从不同角度对企业多样化的战略进行了不同的分类，其目的都是更好地描述企业的战略类型。Miles and Snow（1978，2003）依据企业产品和市场的更新速率对企业战略所做的分类，不仅包容了其他学者的分类方法，更贴近企业在现实经营管理过程中选择的具体战略（刘刚和于晓东，2015）。

Miles and Snow（1978，2003）将企业战略分为进攻型战略（prospectors）、防御型战略（defenders）和分析型战略（analyzers）。[①] 其中，进攻型企业战略和防御型企业战略处于战略类型中的两个极端。介于两者之间的是分析型战略，也是大部分企业所采取的战略。

1. 进攻型企业战略

进攻型企业战略将创新化和差异化作为提升企业核心竞争力的

---

① 在 Miles and Snow（1978，2003）对企业战略的原始分类中，除了进攻型战略、防御型战略和分析型战略外，还包括反应型战略（reactors）。但 Miles 和 Snow 认为，反应型战略在长期来看是不可行的，且难以辨认。后续研究主要分析进攻型战略、防御型战略和分析型战略三种可辨认的战略类型，本文也主要关注这三种类型的战略。

途径，加大研发投入和营销力度，大力开发新产品和新市场，与Porter（1980）的产品差异型战略、March（1991）的探索型战略和Treacy and Wiersema（1995）的产品领先型战略类似。

实行进攻型战略的企业热衷于不断开发新产品，寻找新市场，在不同领域主动寻找突破口，所研发的产品往往难以被替代，一般处于引领市场发展的地位，对外部环境的变化往往比较敏锐，而不是被动适应环境；作为市场未来发展方向的领导者，进攻型企业研发的产品往往具有不可复制性，在一定程度上具有较强的议价能力和定价空间，因此进攻型企业往往具有较强的盈利能力。但因关注多元化的产品和市场，处于不断的发展变化中，为了发现新的机遇，进攻型企业往往需要进行一系列的探索和研发，因而会面临诸多的变化，结果也往往具有较大的不确定性；尽管进攻型企业的盈利能力强，但业绩波动幅度较大，相应的风险承担水平相对较高。

从组织结构来看，进攻型企业是积极创新的企业，始终处于不断变化的环境中，为了适应环境变化，必然要求其组织结构也是变化的，以适应其不断创新变革的需要；做决策时往往缺乏详细的规划，相应的内部控制机制较为分散和不稳定。

从运营效率来看，进攻型企业为了适应不断变化的外部市场环境，快速做出反应，调整方向，要求员工的工作定位具有多变性，操作流程非标准化，这样更有利于企业创新，但也导致不同层级或子单元之间的合作更加困难，合作成本更高，运营效率下降。

2. 防御型企业战略

与进攻型企业战略相比，防御型企业战略专注于已有的产品和市场，在有限的产品和市场范围内，通过不断降低生产成本，提高效率，以较低的产品价格、较好的售后服务和质量来获取其竞争优势。与Porter（1980）的低成本战略、March（1991）的利用型战略和Treacy and Wiersema（1995）的高效运营型战略类似（Dent，1990）。

实行防御型战略的企业，其产品类型和市场都比较单一，往往生产相对成熟的产品，市场中存在大量生产同类产品的企业，有更多的替代品，市场竞争程度较高，其产品的议价能力不强，往往以较低的产品价格、较好的售后服务和质量来取胜。与进攻型企业相比，其盈利能力相对较弱。但防御型企业由于专注于有限的产品和市场，外部市场环境高度稳定，企业管理层可以有效地掌控企业的全部业务，在细分市场中可以稳定地提供高度标准化的产品或服务，因而防御型企业的业绩比较稳定。

从组织结构来看，防御型企业显然是一种寻求稳定的组织结构，始终以现有产品和市场领域的效率最大化为目标，具有高度结构化的内部组织形式，极少出现非常规性的决策，往往会通过详细的规划来决定企业决策的实施，内控机制较为集中和稳定，尽可能将不确定性降到最低。

从运营效率来看，防御型企业为了保持其在目标市场中的竞争优势，必然会依托其高度结构化的内部组织形式，形成高度专业化的工作分工、规范化的职位描述、标准化的操作流程等来致力于提高生产效率，以期降低成本，不同层级或子单元之间的合作简单、有序，合作成本更低，具有较高的资产周转速度，因此防御型企业的运营效率相对也较高。

3. 分析型企业战略

分析型企业战略介于进攻型企业战略和防御型企业战略之间，从现有市场环境出发，对进攻型战略和防御型战略进行取舍和判断。分析型战略也是大部分企业所采取的战略。

Bentley et al.（2013）指出，Miles and Snow（1978，2003）对企业战略的分类不仅涵盖了已有的主流战略划分类型，还可以利用档案数据进行度量，而其他的战略类型划分方法只能通过对公司管理层访谈或调查获得。为此，Bentley et al.（2013）利用财务数据将企业按照 Miles and Snow（1978，2003）的战略分类方法进行评分分类，从而为企业战略度量提供了解决办法。

1.2.3　企业战略差异度

1. 行业常规战略

同一行业的不同企业面临相似的市场环境和监管要求，会在行业发展过程中形成一系列常规的战略模式（Meyer and Rowan，1997），同行业内的企业相互学习和模仿，由此所形成的企业战略即为行业常规战略。

企业采用行业常规战略具有以下几方面的优势：

（1）企业采用与行业常规相符的战略时，可以避免与现行法律法规制度等的冲突，减少企业生产经营过程中的不确定性（Meyer and Rowan，1997）。

（2）企业采用与行业常规相符的战略时，可以有效应对行业风险，节省寻找有效战略的试验费用，降低企业的决策风险（Geletkanycz and Hambrick，1997）。

2. 战略差异度

战略差异度是指企业战略偏离行业常规战略的程度。不同企业的战略差异度不同，战略差异度越大，说明企业偏离行业常规战略的程度越大。大多数企业为降低风险，愿意选择行业常规战略，但也有企业选择另辟蹊径，偏离行业常规战略。

1.2.4　商业信用

企业与供应商或客户在买卖商品时，通过推迟付款或提前收款所形成的借贷关系，即是以商品形态获得的商业信用。商业信用是企业在正常的生产经营过程中由于钱与货物分离，因结算程序和结算时间自然形成的短期负债。商业信用的产生在银行信用之前，早在简单商品生产条件下，就出现了赊购赊销的现象。

1. 商业信用的主要形式

商业信用主要有以下两种形式：

(1) 赊购商品。卖方同意买方先收货后付款，从买方的角度来看反映为应付账款或应付票据。这是最典型也是最常见的一种形式。从供应链角度来看，是企业从上游供应商处获得的商业信用。

(2) 预收货款。对于一些比较紧俏的商品，或生产周期长、售价比较高的商品，买方为了取得商品，往往要预先向卖方支付货款，待延迟一段时间后才收到货物。这笔预先支付的货款，相当于卖方向买方借了一笔资金，是另一种商业信用的形式。从供应链角度来看，这是企业从下游客户处获得的商业信用。

这两种商业信用形式，以第一种为主，也就是说，我国大部分商业信用从获得渠道来看是上游供应商提供的。

2. 商业信用成本

不同形式的商业信用，相应的交易成本（或使用成本）不同。对企业来说，存在应付账款、应付票据和预付账款三种商业信用的使用方式（模式）。企业选择不同的商业信用模式，交易成本不同。

对买方来说，预付账款由于在收到货物前提前支付货款，相当于将资金使用权提前让渡给卖方，是成本最高的一种商业信用模式。其次是应付票据，由于应付票据存在一系列核对签发过程，并增加了银行这个中间环节，流转环节的交易成本明显比应付账款要高；加上付款方还需要支付相关的利息费用，融资成本也比应付账款要高。因此，对企业来说，预付账款和应付票据被普遍认为是交易成本较高的商业信用模式（陈运森和王玉涛，2010），而预收账款和应付账款则是交易成本较低的商业信用模式。

如果卖方为鼓励买方提前付款而提供现金折扣，则买方放弃现金折扣所产生的机会成本也是商业信用的成本之一，可按下式计算：

$$\text{放弃现金折扣的机会成本}=\frac{\text{现金折扣的百分比}}{1-\text{现金折扣的百分比}}\times\frac{360}{\text{失去现金折扣后延期付款的天数}}$$

放弃现金折扣的机会成本就是使用商业信用的成本之一，这一机会成本往往比较高。企业面对两家或两家以上提供不同信用条件的供应商或客户时，通常会比较其商业信用使用成本，选择成本较低的交易对象。

3. 商业信用的优缺点

作为重要的短期筹资方式，与银行信用相比，商业信用具有以下特点：

（1）使用方便。商业信用是伴随着商品交易进行的，属于自发性的筹资，使用起来灵活、方便。

（2）成本低。如果没有现金折扣，或者公司不放弃现金折扣，商业信用筹资实际上是没有成本或成本很低的。当然如果存在现金折扣，而企业因短期资金严重紧缺而放弃现金折扣时，商业信用的使用成本是很高的，为公司放弃现金折扣的机会成本。

1.3　研究内容与研究框架

第一，为了研究企业战略与商业信用之间的关系，本书对国内外关于企业战略、商业信用、债务融资等领域的文献进行了梳理和总结。通过梳理国内外学者对商业信用的研究，分别从商业信用存在的机理、商业信用的影响因素、商业信用模式和商业信用的经济后果这四个角度对商业信用的已有研究进行总结，发现现有文献还没有从企业采用的战略类型的角度来研究其对商业信用的影响。

而企业战略作为企业全局性和长远性的规划，是企业一系列决策的起点和基础，对企业的生存和发展具有重要影响。不同类型的企业战略，企业目标、市场定位、经营模式、组织结构等方面不同，进而企业的生产经营活动、经营管理等方方面面都会产生较大的差异，当然对企业的债务融资方式，对企业的商业信用也会产生不同的影响。接着对国内外有关企业战略的文献进行梳理和总结，主要从企业战略差异度和企业实行的企业战略类型两个大的角度，分别总结企业战略与融资需求、公司债务融资行为、盈余管理、经营业绩、市场价值、经营风险、不确定性、会计信息质量特征、组织结构、薪酬契约、内部控制、运营效率等方面的研究。

通过对已有文献的回顾，本书对现有文献进行了简要的评价，发现现有关于企业战略和商业信用方面的研究还没有，并据此提出了本书利用现有研究文献将企业战略和商业信用相结合的研究思路与研究内容。

第二，本书基于商业信用的替代性融资理论和企业实行不同的战略类型所导致的融资需求不同，探讨了企业战略激进程度对商业信用的影响。研究发现，战略越激进的企业获得的商业信用融资越多。然后进一步细化讨论了企业战略分别对商业信用获取渠道和商业信用模式选择的影响。研究结果表明，从商业信用的获取渠道来比较，无论是处于上游的供应商，还是处于下游的客户，战略越激进的企业所获得的商业信用也越高；从商业信用模式来比较，战略越激进的企业对交易成本较低的商业信用模式（如应付账款、预收账款）的使用也越多。

本书还进一步对企业战略影响商业信用的内在机理进行了探讨，通过中介效应检验发现，企业战略通过融资需求这个中介变量影响商业信用。

第三，本书基于商业信用的买方市场理论和竞争性假说，通过引入市场地位这个企业微观特征作为调节变量，探讨了市场地位对企业战略与商业信用之间关系的调节作用。研究发现，市场地位越高，企业战略与商业信用之间的正相关关系越强。

然后，进一步按照企业的融资约束程度和企业所处行业的竞争程度进行分组研究，结果发现，面临融资约束较强的企业，其市场地位越高，企业战略与商业信用之间的正相关关系显著增强；而无融资约束或融资约束较弱的企业，市场地位对二者关系的影响不显著。

对所处行业竞争程度高的企业，其市场地位越高，获得的商业信用也越多。在企业债务融资方式的选择上，市场地位越高，战略越激进的企业越倾向于选择融资成本较低的商业信用作为满足其融资需求的债务融资方式。

第四，本书基于商业信用的替代性融资理论和企业实行不同的战略类型所导致的融资需求不同，通过引入货币政策这个宏观经济政策作为调节变量，探讨了货币政策对企业采用的战略类型与商业信用之间关系的调节作用。研究发现，与货币政策宽松时期相比，企业处于货币政策紧缩时期时，企业战略与商业信用的正相关关系减弱。

然后，基于我国特有的制度背景所导致的信贷歧视，以产权性质作为分组依据，探讨国有企业和非国有企业在货币政策不同时期企业战略和商业信用之间关系的差异。结果发现，这种减弱的效应只存在于国有企业中。

另外，本书将宏观的货币政策与企业市场地位这个微观因素相结合，探讨了当企业处于货币政策的不同时期时，市场地位对企业战略和商业信用之间关系的调节作用是否存在差异。研究发现，在货币政策紧缩时期，企业的市场地位越高，企业战略激进程度与商业信用的正相关关系越强。

第五，对本书的研究仍存在的局限以及未来相关研究可进一步探索的方向进行了总结和归纳。本书分别从商业信用的替代性融资理论和买方市场理论，结合企业实行不同的战略类型所导致的融资需求不同，分别从企业战略影响商业信用的内在机理、企业自身的微观特征——市场地位对二者关系的调节作用以及宏观经济政策中的货币政策对二者关系的调节作用三个角度，论证了我国特定制度背景下，企业战略如何影响上市公司的债务融资行为，如何影响商业信用这一非正规的债务融资方式的规模等，并在讨论过程中将企业的微观特征和宏观的经济政策相结合。对本书存在的研究局限进行分析后，分别从企业战略的度量方法、企业战略影响商业信用融资的机理、企业战略对商业信用供给的影响，以及进一步加强宏观经济因素对企业战略和商业信用之间关系的研究等方面提出了未来进一步的研究方向。

本书共分为 6 章，第 1 章为导论，主要从选题动机、研究视角、研究意义、研究内容与研究框架、研究方法与研究创新等方面，简明扼要地勾勒了本书的总体面貌，是本书的总括性概要。

第 2 章是文献综述，分别对国内外有关商业信用和企业战略的文献进行梳理和综合评述。通过总结和梳理现有关于商业信用和企业战略的文献，明确已有研究的空白和不足，为本书的研究和拓展打下基础。

第 3 章基于文献回顾中商业信用的替代性融资理论和企业实行不同的战略类型所导致的融资需求不同，探讨了企业战略对商业信用融资的影响，回答了企业战略是否影响商业信用，如何影响商业信用的问题，进而验证本书理论分析部分的结论是否正确。

第 4 章基于文献回顾中商业信用的另一理论——买方市场理论和竞争性假说，引入市场地位这个企业微观特征作为调节变量，探讨市场地位对企业战略与商业信用之间关系的调节作用。然后，进一步按照企业的融资约束程度和企业所处行业的竞争程度进行分组研究，探讨市场地位对企业战略与商业信用之间关系的调节作用是否有差异，并讨论市场地位对企业战略与企业债务融资方式选择之间关系的影响。这一章的主要目标是通过引入微观的调节变量，进一步回答企业战略与商业信用之间关系的问题，进而验证本书理论分析部分的结论是否正确。

第5章通过引入货币政策这个宏观经济政策作为调节变量，进一步探讨货币政策这个宏观经济政策对企业战略和商业信用之间关系的调节作用。同时结合我国特有的制度背景所导致的信贷歧视，以产权性质作为分组依据，探讨不同产权性质的企业在货币政策不同时期企业战略和商业信用之间关系的差异。然后，将宏观的货币政策与第4章中的市场地位这个微观因素相结合，拓展探讨了当企业处于货币政策的不同时期时，市场地位对企业战略和商业信用之间关系的调节作用是否存在差异，拓展了宏观经济政策与微观企业行为相结合的研究范畴。

第6章在总结主要研究结论的基础上，分析了本书的研究不足和未来进一步研究的方向。

本书的框架结构如图1-2所示。

1.4 研究方法

本书综合采用了理论和实证的研究方法对所要研究的问题进行分析和讨论。一方面采用规范分析和定性分析的方法，从理论层面系统梳理了企业战略和商业信用各自现有的研究成果，寻找研究不足和可以拓展的方向；另一方面采用实证研究和定量分析方法，对企业战略与商业信用之间的关系进行实证检验。理论与实证方法的结合，不仅有利于从理论上拓展企业战略在财务、会计领域的研究，进一步丰富商业信用的现有研究，还对政府和企业提供了有价值的参考性建议和启示。

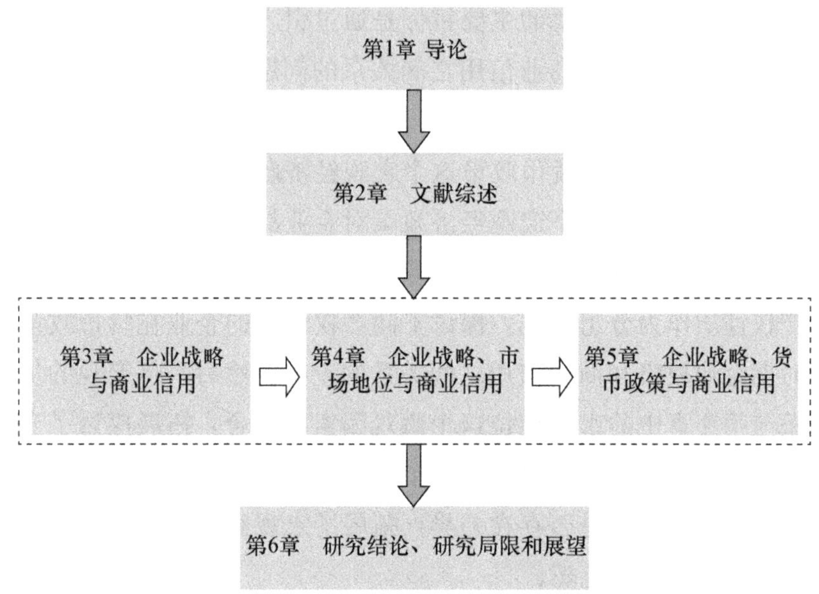

图 1-2 本书的框架结构

在实证研究部分，本书主体模型基本采用了基于面板数据的固定效应模型，能有效控制住不随时间变化同时又无法观察的个体异质性（比如企业地理经济属性、企业文化等）以及不随个体变化同时又无法观察的时间异质性（比如宏观市场经济因素），能在一定程度上缓解遗漏变量偏误的问题。另外，还根据实证检验的需要，采用了控制行业和年度的线性回归模型检验、参数和非参数检验、中介效应检验、邹至庄检验（Chow Test）等多种方法，数据处理软件为 R 软件。主要章节所用的研究方法如下：

第 2 章主要采用规范分析方法，对国内外关于企业战略、商业信用、债务融资等领域的文献进行了梳理和总结。企业战略主要从其与融资需求、公司债务融资行为、盈余管理、经营业绩、市场价值、经营风险、不确定性、会计信息质量特征、组织结构、薪酬契约、内部控制、运营效率等方面的研究进行了总结；商业信用主要

从其存在的机理、影响因素、模式等方面进行了总结。

第 3 章主要采用基于面板数据的固定效应模型、参数和非参数检验、中介效应检验等方法，检验了企业战略对商业信用的影响，并检验了企业战略对债务融资方式选择的影响、企业战略对商业信用获取渠道的影响，以及企业战略对商业信用模式选择的影响。最后，通过中介效应检验，对企业战略影响商业信用的内在机理进行了探讨。

第 4 章主要采用基于面板数据的固定效应模型、控制行业和年度的线性回归模型检验、邹至庄检验等方法，基于商业信用的买方市场理论和竞争性假说，探讨了市场地位对二者之间关系的调节作用。然后，进一步按照企业的融资约束程度和所处行业竞争程度对企业进行分组研究，用邹至庄检验比较了分组系数差异的显著性。最后，采用控制行业和年度的线性回归模型进行检验，分析市场地位对企业战略和企业债务融资之间关系的影响。

第 5 章主要采用基于面板数据的固定效应模型、邹至庄检验等方法，探讨了货币政策对企业战略和商业信用之间关系的调节作用。然后，基于我国特有的制度背景所导致的信贷歧视，以产权性质作为分组依据，探讨国有企业和非国有企业在货币政策不同时期企业战略和商业信用之间关系的差异，用邹至庄检验比较了分组系数差异的显著性。最后，结合市场地位这个微观因素，探讨了当企业处于货币政策的不同时期时，市场地位对企业战略和商业信用之间关系的调节作用是否有差异。

1.5　研究创新

本书可能的研究创新之处主要体现在以下几个方面：

1. 首次探讨了企业战略的激进程度对企业债务融资方式选择的影响，深入分析了企业战略激进程度对企业债务融资方式中非正规融资方式——商业信用的影响，拓展了企业战略在财务、会计领域的研究，并从融资需求的角度理清了企业战略影响商业信用的路径。

2. 从企业战略的角度丰富了商业信用的已有研究。商业信用作为非正规的债务融资方式，在企业债务融资中的地位越来越重要。在此背景下，对其存在机理的讨论和梳理也显得尤为必要。本书以企业战略作为切入点，从市场地位和货币政策的角度讨论了企业的债务融资方式和成本，深化了国内外学者在企业债务选择领域的研究，为后续商业信用的相关讨论奠定了良好的基础。

3. 通过逐步引入微观企业特征和宏观货币政策，拓展了宏观经济政策与微观企业行为相结合的研究范畴。近年来，我国学术界越来越关注宏观经济政策对微观企业行为的影响。本书将企业战略作为研究切入点，创新性地将企业微观特征和宏观货币政策相结合，纳入企业债务融资行为的讨论范畴，力图为政府提升企业融资效率，鼓励创新提供决策依据，为实体企业选择有效的战略类型、提升融资能力等提供一定的经验借鉴，具有一定的理论和实践意义。

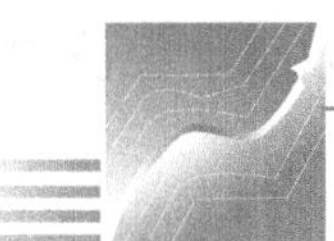

第2章　文献综述

2.1　商业信用的存在机理

商业信用具有悠久的历史，在欧洲可追溯至中世纪，在中国始于先秦（赊销）。商业信用是一种重要的短期融资方式，对其进行系统性的研究始于20世纪60年代，Meltzer（1960）在研究中发现商业信用的存量和分布变化与货币政策的变化紧密相随，由此拉开了商业信用的研究大幕。随后，学者们从微观和宏观两方面展开对商业信用的全面研究，并取得了丰富的研究成果。

从微观视角来看，商业信用主要研究其大量存在或产生的原因、提供或接受商业信用的成本与收益以及其使用的决定因素等，归纳起来为经营性动机和融资性动机，并形成了两个主流理论——替代性融资理论和买方市场理论。从宏观视角来看，主要从货币政策、经济周期、金融环境、市场发展水平、产业竞争程度等方面展开。

2.1.1 商业信用的经营性动机

为了扩大销售，提高市场占有率，或者为了降低交易成本，平抑市场价格波动等目的，企业会根据市场情况和交易方的信用状况等调整其商业信用政策，就是商业信用的经营性动机。经营性动机概括起来主要包括质量保证动机、降低交易成本动机、促销或竞争动机等。

1. 质量保证动机

Deloof and Jegers（1966）指出，企业通过向客户提供商业信用，传递了企业对产品质量自信的信号，可以有效克服客户的逆向选择行为。

2. 降低交易成本动机

Ferris（1981）研究发现，无论是对卖方还是对买方，商业信用都可以起到有效降低产品交易成本的目的。对卖方而言，由于商业信用的使用，卖方可以知道货款准确到账的时间，这样方便卖方进行合理的资金安排，减少经营费用；对买方而言，由于商业信用条款规定了准确的付款时间，减少了结算次数，可以节省交易费用，更有效地管理资金。

3. 促销或竞争动机

Schwartz（1974）认为，当市场竞争激烈时，企业可以通过提供优惠的商业信用条件，获得较强的竞争地位。Emery（1987）认为，对季节性销售特征比较强的商品而言，往往存在明显的销售旺季或淡季，导致周期性波动比较大，为了降低周期性波动幅度，企业可以在销售旺季提高商业信用条款或在销售淡季降低商业信用条

款来平抑市场波动。Schwartz and Whitcomb（1978）研究发现，企业可以分别针对优质客户和劣质客户提供不同的商业信用条款，从而加强与优质客户的市场联系，减少与劣质客户的交易，来达到保持市场稳定的目的。

2.1.2　商业信用的融资性动机与替代性融资理论

商业信用的融资性动机主要从商业信用的供给和需求入手。从商业信用的供给来讲，既然有专门的金融机构可以为企业提供融资来源，那么为什么还会有企业愿意向其客户提供商业信用呢？从商业信用的需求来讲，既然可以从银行等金融机构获得融资，为什么还需要将商业信用作为其融资渠道呢？对此，学术界从商业信用供给的角度给出了融资比较优势的理论解释，从商业信用需求的角度给出了信贷配给的理论解释，并形成了商业信用的替代性融资理论。

1. 融资比较优势理论

既然有专门的金融机构可以为企业提供融资来源，那么为什么还会有企业愿意向其客户提供商业信用呢？这是因为企业与银行等专门的金融机构相比，由于长期的业务联系，具有获取信息的优势。Petersen and Rajan（1997）对这种信息比较优势做了总结，认为企业与银行相比，具有信息获取优势、对客户的控制力优势和财产挽回优势。

首先，企业与供应商或客户之间有经常性的交易和业务联系，如果企业出现不良的经营状况，其信用状况发生变化时，供应商或客户可以迅速获得这些信息，及时对其商业信用政策做出调整。很显然，银行在获取这些信息时，无论是从信息获取的及时性还是准确性来说，都不具备供应商或客户的优势，且银行获取信息的成本更高。

其次，供应商或客户可以利用业务联系，采取停止供货、控制原材料等产品的供应甚至停止销售等手段，促使企业遵守合约，从而避免企业违约。

最后，由于企业与供应商或客户有长期的业务联系，对企业所处的行业比较熟悉，能对企业所处行业的前景和风险有更深入的了解，从而做出更准确、及时的评估。如果企业出现经营不善等现象，供应商或客户可以利用其销售网络或渠道快速收回商品并进行处置，从而减少损失。这些都是银行不具备的信息优势。

2. 信贷配给理论

Meltzer（1960）提出了信贷配给理论的概念。Stiglitz and Weiss（1981）认为企业与银行因信息不对称会使得银行出现逆向选择，有些企业可以得到足够的贷款，而有些企业即使愿意支付较高的利息也得不到贷款。在这种情况下，得不到银行贷款的企业会转向上下游供应链，寻求商业信用，作为银行信贷的替代性融资方式。由于前述供应商/客户与银行相比，具有明显的信息优势，交易双方信息透明度相对较高，供应商或客户可根据企业的信用状况通过延迟付款或提前付款的方式给企业提供商业信用，作为银行信贷的替代性融资方式。

3. 替代性融资理论

Petersen and Rajan（1997）将难以进入资本市场的小企业作为研究对象，采用实证研究的方法，研究发现当小企业面临融资约束时，更倾向于通过获取商业信用的方式来缓解资金需求，而供应商在长期的业务交往中形成了一定的信息优势，可凭借信息优势选择性地向企业提供商业信用。随后，Biais and Gollier（1997）以信息不对称为出发点，通过构建博弈论模型说明了商业信用作为银行信贷的替代融资方式的作用机理。Danielson and Scott（2004）发现企业面临融资约束时，在内部留存收益、外部银行信贷或商业信用等几种融资方式中，往往首选商业信用来弥补其资金不足，这直接证

明了商业信用的替代性融资理论。

在我国，股票市场和公司债券市场发展不够完善，长期以来金融体系以银行为主导，企业主要的融资来源是银行信贷。但特定的制度背景导致我国银行信贷资源的配置存在较强的所有制歧视，国有控股的大中型商业银行控制着大量的信贷资源，存在明显的“信贷歧视”行为（王彦超，2014）。存在较强融资约束的企业难以从正规金融渠道获取所需资金时，会转而依靠供应商或客户提供的商业信用这种非正规的融资渠道来满足其融资需求。

Ge and Qiu（2007）以我国特有的金融体系为研究背景论证了商业信用的替代性融资理论，研究发现与国有企业相比，我国民营企业较难从国有银行获得贷款，更多依靠商业信用来满足其资金需求。

王彦超和林斌（2008）以 1999—2005 年我国上市公司为研究样本，发现银行借款和商业信用之间不仅存在着一定的替代关系，还发现银行借款等正规融资渠道的资金效率低于商业信用这种非正规的融资渠道。

石晓军和李杰（2009）通过联立方程模型发现商业信用与银行借款之间存在一定的替代关系，总体平均替代率为 17%，并发现这种替代关系与宏观经济指标之间具有反周期的特点。

刘仁伍和盛文军（2011）通过研究也发现，与银行信贷相比，商业信用虽然是非正规的融资方式，却对民营企业的发展具有重要作用，商业信用对正规的金融系统具有显著的补充作用，能够缓解民营企业的融资难问题。

张杰等（2013）研究发现，国有企业从商业银行获取借款后，会以商业信用的方式将资金传递给民营企业，也验证了商业信用的替代性融资理论。

饶品贵和姜国华（2013）以我国上市公司的产权性质分组，分别研究货币政策宽松时期和紧缩时期，其对银行信贷和商业信用之间关系的影响。结果表明，在货币政策紧缩时期，非国有企业比国有企业所能获得的银行贷款少很多，更多地将商业信用作为银行贷款的替代性融资方式。

2.1.3 商业信用的竞争性假说和买方市场理论

信息不对称等问题将存在融资约束的企业排斥在信贷市场之外，得不到银行贷款的企业会转向上下游供应链，寻求商业信用，作为银行信贷的替代性融资方式，即为商业信用的替代性融资理论。国内外一系列的实证研究支持了这一理论（Ge and Qiu，2007；余明桂和潘红波，2008；王彦超和林斌，2008；石晓军和李杰，2009），但也有实证检验结果不支持的（Petersen and Rajan，1997；Love，2007；谭伟强，2006）。例如，Petersen and Rajan（1997）研究发现，美国的大型企业不存在融资约束，但其使用商业信用的程度反而比小企业要高。我国金融市场存在明显的信贷歧视行为，大量信贷资源被国有企业占有，按照商业信用的替代性融资理论，国有企业的商业信用应该比非国有企业少，谭伟强（2006）的研究却发现，我国国有上市公司获得的商业信用高于面临更强融资约束的非国有上市公司。这显然有悖商业信用的替代性融资理论。为此，国内外学者分别从商业信用供给和需求的角度提出并论证了商业信用的竞争性假说和买方市场理论。

1. 商业信用的竞争性假说

关于商业信用的竞争性假说，Fisman and Raturi（2004）提出企业面临激烈的竞争时，存在较多的同业竞争者；即使企业自身面临融资约束，向客户提供商业信用的成本较高，但为了维持客户的稳定性，企业仍愿意提供商业信用。这是从商业信用供给的角度提出的商业信用的竞争性假说。

Long et al.（1993）研究发现，商业信用作为企业参与市场竞争

的重要手段，提供商业信用的动机一是为产品质量提供保证，二是为了维持企业的市场份额。尤其当市场存在信息不对称时，商业信用更能帮助企业识别产品质量。Deloof and Jegers（1996）以比利时零售企业作为研究对象，通过实证检验证实了商业信用能够帮助企业为产品质量提供保证。

Fisman and Raturi（2004）以撒哈拉以南非洲国家作为调研对象，研究发现企业所处行业的市场竞争程度越激烈，提供商业信用的规模就越大，二者成显著的正相关关系；企业所处行业的竞争越激烈，越倾向于通过提供商业信用的方式来与客户保持稳定的商业关系。

Van Horen（2004）以 42 个发展中国家的企业为研究对象，研究发现商业信用能够帮助企业锁定客户，并向市场传递企业经营情况良好的信息，有利于维持其市场份额。尤其当企业所处地区的金融市场不发达时，商业信用对于促进企业市场声誉的作用更加明显。

Klapper et al.（2012）以美国和部分欧洲国家的企业所签订的商业信用契约为研究对象，发现规模大的企业从规模小的企业中获取的商业信用更多，且期限更长。这主要源于小企业倾向于通过向大企业提供商业信用的方式来为自身的产品提供质量保证。

Singh（2015）以印度企业作为研究对象，发现当新企业进入、威胁程度上升时，企业倾向于通过提供更大规模的商业信用来维持自身的市场份额；当企业所处产品市场差异化程度较高时，更加重视商业信用参与市场竞争的功能和作用。

关于商业信用的竞争性假说，国内文献的典型代表有余明桂和潘红波（2010）利用 2004—2007 年中国工业企业的数据，从产品市场竞争的角度认为企业为了维持客户的稳定性，避免客户转向同业竞争对手，会主动向客户提供商业信用。对民营企业来说，这一特征更加明显。在金融发展水平较好的地区，民营企业获取的银行借款较多，有充足的资金提供商业信用。这也从另一个角度说明良好的金融发展水平有利于发挥商业信用作为市场竞争手段的作用。

方明月（2014）讨论了市场竞争对于企业商业信用的影响，发现商业信用的竞争性假说受企业财务状况制约；当企业融资约束较低时，产品市场竞争越激烈，企业提供给下游客户的应收账款比例越高。胡泽等（2014）从全球金融危机的角度，研究发现金融危机爆发后，企业仍有较强的意愿提供商业信用，并将其作为参与产品竞争的手段，应对金融危机。

2. 商业信用的买方市场理论

商业信用的替代性融资理论认为，企业存在信贷配给时，由于不能获得足够的银行信贷，会将商业信用作为银行信贷的替代性融资方式。Fabbri and Menichini（2010）认为，如果商业信用的替代性融资理论成立，那么存在信贷配给时，公司的商业信用规模应该不断扩大，但实证结果并没有证实这一推论。Marotta（2005）的研究也发现，不存在信贷配给的企业使用商业信用的程度并没有显著降低。Love（2007）对比了东南亚金融危机前后商业信用与银行信贷的变化，结果发现金融危机爆发后，银行信贷大幅下降，商业信用先是短暂的上升，很快也开始大幅下降。

这些研究都与商业信用的替代性融资理论相悖。于是，Fabbri and Menichini（2010）尝试从商业信用需求的角度提出了商业信用的另一主流理论——买方市场理论。Fabbri and Menichini（2010）认为买方（客户）的强势地位造成了商业信用的存在，一方面，那些没有融资约束且信用记录较好的大企业可以通过商业信用来降低其融资成本；另一方面，供应商也愿意向这类企业提供商业信用，以加快其产品销售。Giannetti et al.（2010）提出，在商业信用的买方市场理论下，由于买方处于强势地位，买方获得商业信用的成本实际上非常低，甚至可能低于同期银行贷款利率。Giannetti et al.

(2011) 还从企业产品特征和银企关系的角度讨论了商业信用，发现信用较高和市场地位较高的企业获取的商业信用更多。

国内学者如徐晓萍和李猛（2009）以2007年上海市的中小企业为研究对象，研究发现企业规模与提供的商业信用显著负相关；企业规模越小，反而提供的商业信用越多。陆正飞和杨德明（2011）研究发现，企业在货币政策紧缩时期，银行信贷的规模下降，商业信用的大量存在符合商业信用的替代性融资理论；而在货币政策宽松时期，企业获取银行信贷较为容易的情况下，商业信用仍然大量存在，是因为买方的强势地位，符合商业信用的买方市场理论。张新民等（2012）的研究发现，市场地位高的企业不仅获得的商业信用和银行借款都更多，且有更大的自主融资选择能力，可根据自身的融资需求状况来选择商业信用和银行贷款的规模。刘欢等（2015）研究发现市场地位越高的企业获得的商业信用规模也越大。这些研究分别证实了商业信用的竞争性假说和买方市场理论。

2.2　商业信用的影响因素

商业信用的经营性动机、融资性动机和竞争性假说，以及由此所形成的两个主要理论——替代性融资理论和买方市场理论，分别从商业信用的供给和需求两个角度说明了商业信用大量、普遍存在的原因，那么到底有哪些具体因素会影响商业信用的规模呢？现有文献归纳起来，可以分为两大方面，一是与企业自身特征相关的微观因素，如企业的产权性质、企业规模、企业年龄、盈利能力、经营现金流量、市场地位、获得的银行信用等。二是与企业外部环境有关的宏观因素，如货币政策、经济周期、金融环境、市场发展水平、产业竞争程度等。

2.2.1 企业微观特征与商业信用

现有关于商业信用的文献中，与企业自身微观特征相关的具体因素对商业信用的影响，结论不太一样。例如，Petersen and Rajan (1997)、谭伟强 (2006) 等的研究发现企业规模与商业信用正相关，但 Masksimovic (2001) 发现企业规模与商业信用融资负相关。又如，Petersen and Rajan (1997)、谭伟强 (2006) 等研究发现企业的盈利能力与商业信用正相关，Masksimovic (2001)、李斌 (2006) 却发现两者呈负相关关系。本书主要从企业的市场地位这个微观特征入手，考察市场地位、企业面临的融资约束和企业所处行业的竞争程度三个方面来讨论其对企业采用的战略类型和商业信用之间关系的影响。

1. 企业的市场地位与商业信用

从商业信用理论的发展过程来看，最早提出的商业信用替代性融资理论强调的是商业信用作为正规金融融资渠道的替代性融资功能，而后 Fabbri and Menichini (2010) 提出的买方市场理论则强调商业信用参与市场竞争的作用。理论发展与市场环境和经济背景等有着必然的联系。早期以商品交易为主，而后随着金融市场的不断发展，资金对企业的意义更加重要。Fabbri and Klapper (2008) 认为企业运用商业信用时，会根据自身的资本结构进行调整。但并不是所有企业都可以自由地根据自身的资金需求和资本结构来调整其商业信用政策，这时市场地位就会对商业信用产生影响。

Long et al. (1993) 提出小企业主动提供商业信用，是为了向市场保证其产品质量，这一现象在大企业则不多见。Petersen and Rajan (1997) 发现供应商更愿意为增长潜力大的公司提供商业信用。Fisman and Raturi (2004) 发现公司的垄断地位越高，商业信用的使用规模越大，二者之间存在一定的正相关关系。随后，Van Horen (2005) 研究发现发展中国家的中小企业出于市场竞争的需要，会主

动向市场地位较高的大企业提供商业信用。Giannetti et al.（2011）发现企业信誉、市场地位越高，获取的商业信用越多。

国内学者如徐晓萍和李猛（2009）以2007年上海市的中小企业为研究对象，研究发现企业规模与提供的商业信用显著负相关；企业规模越小，反而提供的商业信用越多。陆正飞和杨德明（2011）研究发现企业在货币政策宽松时期，银行信贷额度比较宽松的情况下，商业信用仍然大量存在，这是因为买方的强势地位，符合商业信用的买方市场理论。张新民等（2012）的研究发现，市场地位高的企业不仅获得的商业信用和银行借款都更多，且有更大的自主融资选择能力，可根据自身的融资需求状况来选择商业信用和银行贷款的规模。刘欢等（2015）研究发现市场地位越高的企业获得的商业信用规模也越大。这些研究分别证实了商业信用的竞争性假说和买方市场理论。

2. 企业的融资约束程度与商业信用

20世纪90年代以来，商业信用在公司债务融资结构中的重要性愈发凸显（Rajan and Zingales，1995）。当金融市场不发达时，企业的正常发展便面临一定的融资约束问题，商业信用作为一种替代性融资角色变得更加重要（Fisman and Love，2003；卢峰和姚洋，2004；王彦超和林斌，2008）。Petersen and Rajan（1997）、Biais and Gollier（1997）、Danielson and Scott（2004）等的研究发现，企业存在融资约束时，会通过获取上下游供应链的商业信用来缓解融资约束。Nilsen（2002）通过实证分析发现企业在货币政策紧缩时期，获得的银行信贷下降，促使部分面临融资约束的企业取消投资计划，通过商业信用增加融资；特别是小企业和没有信贷评级的大企业的融资约束问题更加突出，其商业信用规模增长也更为迅速。

在我国，由于特定的制度背景，我国商业银行大多由政府直接或间接控制，银行信贷资源的配置存在着较强的所有制歧视，国有控股的大中型商业银行控制着大量的信贷资源，存在明显的“信贷歧视”行为（王彦超，2014），金融机构的信贷资源配置效率较低（王彦超和林斌，2008），很多企业难以从银行获得所需的资金，只能通过供应商或客户提供的商业信用来获得所需的资金。石晓军、张顺明（2010）通过检验发现，商业信用通过缓解融资约束来实现更优的资源配置，可以实现比正规融资系统更大的规模效率。饶品贵和姜国华（2013）从货币政策角度讨论了银行借款与商业信用二者之间的替代关系，研究发现公司在货币政策紧缩时期由于从正规的金融系统无法获取足够的资金，会选择通过获取商业信用的方式来缓解其融资需求。方明月（2014）讨论了市场竞争程度对企业商业信用的影响，发现商业信用的竞争性假说受企业财务状况制约，当企业融资约束程度较低时，产品市场竞争越激烈，企业提供给下游客户的应收账款比例越高。刘欢等（2015）通过实证检验发现，面临融资约束的企业，当其市场地位较高时，获得的商业信用也越多。

由此可见，商业信用能帮助面临融资约束的企业缓解其融资需求，如果其市场地位较高，可以凭借其较高的市场地位来获取商业信用，缓解其融资约束问题。

3. 企业所处市场竞争程度与商业信用

商业信用的竞争性假说认为，企业为了避免客户转向同业竞争对手，将商业信用作为参与市场竞争的手段，因此企业所处的市场竞争程度会对商业信用造成不同的影响（Fisman and Raturi，2004；Van Horen，2005）。企业面临激烈的竞争时，存在较多的同业竞争者；即使企业自身面临融资约束，向客户提供商业信用的成本较高，但为了维持客户的稳定性，企业仍愿意提供商业信用。

Fisman and Raturi（2004）以非洲的部分国家为样本，研究发现企业所处行业的市场竞争越激烈，提供商业信用的规模就越大，二者存在显著的正相关关系，企业通过提供商业信用的方式来建立与客户稳定的商业关系。余明桂和潘红波（2010）利用 2004—2007 年中国工业企业的数据，从产品市场竞争的角度论证商业信用的竞争性假说，并通过比较私有企业和国有企业，发现私有企业面临的市场竞争压力更大，不得不借助提供商业信用来参与市场竞争；在金融发展水平较好的地区，这种现象更加普遍，从所有权性质和金融发展两个视角拓展了商业信用的竞争性假说。

2.2.2　宏观经济政策与商业信用

任何企业都处在一定的宏观环境之下，与企业外部环境有关的宏观因素，如货币政策、经济周期、金融环境、市场发展水平、产业竞争程度等，必然会对企业的生产经营产生一定的影响。大多数学者的研究发现，企业在货币政策紧缩时期，由于获得的银行信贷减少，会更多使用商业信用（陆正飞和杨德明，2011；饶品贵和姜国华，2013）。商业信用可以促进地区的经济发展程度；而市场、法制环境好、金融发展程度相对较高的地区，由于企业更容易从正式金融渠道获得所需的资金，对商业信用的需求和使用会减少；反之，当金融市场不发达，企业的正常发展面临一定的融资约束时，商业信用作为一种替代性融资角色往往更重要（Fisman and Love，2003；王彦超和林斌，2008）。下面主要从货币政策、宏观经济周期和金融市场环境等几个方面说明其与商业信用的研究。

1. 货币政策与商业信用

货币政策对企业的投融资决策有显著影响（陆正飞等，2009；祝继高和陆正飞，2009），其目的是通过调节经济运行中的资金量来调节经济发展速度。作为国家调控宏观经济的重要手段，货币政策通过多种渠道影响实体经济，最主要的渠道有货币渠道和信贷渠道。

无论是货币渠道还是信贷渠道，最终都是通过改变企业的融资成本和融资规模来影响企业的投资行为（陆正飞和杨德明，2009）。

货币政策与商业信用之间的关系，最早可以追溯到 20 世纪 60 年代 Meltzer（1960）对商业信用所做的开创性的经验研究。货币政策通过调节经济运行中的资金量来调节经济发展速度，是国家调控宏观经济的重要手段，但企业作为微观个体，当货币政策发生变化时，可能会通过融资方式的调整来应对。Smith（1958）发现，与大企业相比，小企业在紧缩的货币政策时期所受的影响更大。Meltzer（1960）在随后的研究中开创性地发现，商业信用与货币政策有着非常密切的联系。在货币政策紧缩时期，货币供应量减少，银行收缩信贷资源，提高信贷门槛，企业获得的银行信贷减少，这时商业信用作为银行信贷的替代性融资方式变得更加重要。同时 Meltzer（1960）发现，在货币政策紧缩时期，大企业通过延长小企业的付款时间和付款金额，为小企业提供一定的商业信用支持，因此商业信用的存在一定程度上削弱了货币政策的效果，也由此拉开了商业信用研究的大幕。后续与商业信用有关的研究从宏观的角度来说，主要集中在商业信用与宏观经济政策之间的关系，以及商业信用对经济的影响。

Nilsen（2002）验证了货币政策的信贷传导机制，并通过实证研究发现，企业在货币政策紧缩时期由于获得的银行信贷规模下降，融资不足，会通过商业信用获得资金，缓解融资需求；特别是小企业和没有信贷评级的大企业，融资约束问题更加严重，其商业信用规模增长更为迅速。Nilsen（2002）据此提出，在货币政策紧缩时期银行会收缩信贷规模，促使部分面临融资约束的企业取消投资计划。

Atanasova（2007）将研究对象限定为发展中国家，发现在货币政策紧缩时期，商业信用能帮助企业拓展资金来源，证实了其替代性的融资角色。另外，Yang（2011）从存货管理的角度讨论了商业信用和银行借款之间的关系，发现商业信用和银行借款既是互补的，又是可以相互替代的，其具体作用机理取决于货币政策处于宽松阶段还是紧缩时期。

近些年，我国学术界越来越关注宏观经济政策对微观企业行为的影响研究。陆正飞和杨德明（2011）研究发现企业处于货币政策紧缩时期时，银行信贷的规模下降，商业信用的大量存在符合商业信用的替代性融资理论；而在货币政策宽松时期，企业获取银行信贷较为容易的情况下，商业信用仍然大量存在，是因为买方的强势地位，符合商业信用的买方市场理论。

与国外的融资环境不同，我国股票市场和公司债券市场发展不够完善，企业获取资金的主要来源是银行贷款。但特定的制度背景导致我国银行信贷资源的配置存在着较强的所有制歧视，国有控股的大中型商业银行控制着大量的信贷资源，存在明显的“信贷歧视”行为（陆正飞等，2009；王彦超，2014）。无论是财务上还是政治上，国有企业都比非国有企业得到的政府支持更多（Qian，1994），国有企业享受的信贷优惠政策也更多，获得的银行贷款的金额与期限都比非国有企业要高（江伟和李斌，2007）。特别是在货币政策紧缩时期，银行信贷资源稀缺的情况下，国有上市公司仍然能从银行获得较大规模的长期贷款，甚至贷款规模能保持较快的增长（陆正飞等，2009），信贷配给和信贷歧视更加突出。

对此，饶品贵和姜国华（2013）以我国上市公司的产权性质分组，分别研究货币政策宽松时期和紧缩时期，其对银行信贷和商业信用之间关系的影响。结果表明，在货币政策紧缩时期，非国有企业比国有企业所能获得的银行贷款少很多，更多地将商业信用作为银行贷款的替代性融资方式。由此可见，在我国特殊的制度背景下，不同产权性质的企业在不同的货币政策时期，对银行借款和商业信用的获取影响是不同的。

2. 宏观经济周期与商业信用

从宏观经济周期的角度看，商业信用具有一定的反周期特征，在经济发展较慢时期，商业信用对于银行借款的替代性作用更获得关注（Huang et al.，2011）。石晓军和李杰（2009）以我国上市公司为研究对象，发现商业信用与银行借款之间存在一定的替代关系，总体平均替代率为17%，并发现这种替代关系与宏观经济指标之间具有反周期的特点。

3. 金融市场环境与商业信用

商业信用的替代性融资角色也会受地区金融市场环境的影响。Fisman and Love（2003）认为金融市场的发育程度对经济增长起到了十分重要的作用，发达的金融市场可以帮助企业为较好的投资项目融资。当金融市场不够发达时，商业信用可以帮助企业缓解融资约束，获得投资项目所需的资金，促进小企业业绩提升。

余明桂和潘红波（2010）利用2004—2007年中国工业企业的数据，通过比较民营企业和国有企业，发现民营企业的竞争压力更大，通过主动提供商业信用来增加其市场竞争能力；在金融发展水平较好的地区，这种现象更加普遍。这是因为金融发展较好的地区，民营企业获取的银行借款较多，有充足的资金主动提供商业信用。

孙浦阳等（2014）认为信贷歧视确实存在，小企业更依赖商业信用作为其融资手段，地区金融发展水平越差，企业对商业信用的依赖就越强。Wu et al.（2012）以金融深化作为制度背景，讨论了商业信用和现金持有在财务结构中的相关性，发现在金融市场化程度较高的地区，企业为应付账款储备的现金变少，应收账款对现金的覆盖率则有所提升。

2.3　商业信用模式

商业信用作为非正规的融资方式，具有期限短、低利息、无担保等特点，有利于降低整个经济体的交易成本，提高资源配置效率。这是从整体经济运行来看的，但具体到微观企业个体，在购销活动中，企业提供货物后，为了尽快收回货款，降低风险，会根据自身与买方的实力对比，选择某种模式，这种模式就是商业信用模式。

对企业来说，存在应付账款、应付票据和预付账款三种商业信用模式（陈运森和王玉涛，2010）。企业选择不同的商业信用模式，意味着交易成本不同（刘凤委等，2009）。Coase（1937）对交易成本的定义是交易过程中发生的谈判费用、签约费用及利用价格机制所发生的其他成本等。

对买方来说，预付账款由于在收到货物前提前支付货款，相当于将资金使用权提前让渡给卖方，是成本最高的一种商业信用模式。当企业现金短缺时，这种商业信用模式的成本更加突出，甚至会导致交易无法顺利进行。其次是应付票据，由于应付票据存在一系列核对签发过程，并增加了银行这个中间环节，流转环节的交易成本明显比应付账款要高；加上付款方还需要支付相关的利息费用，融资成本也比应付账款要高。因此，对企业来说，预付账款和应付票据被普遍认为是交易成本较高的商业信用模式（陈运森和王玉涛，2010），而预收账款和应付账款则是交易成本较低的商业信用模式。

刘凤委等（2009）利用我国各省的信任调查数据，研究了非正式制度“信任”对企业的交易成本和商业信用模式选择的影响。研究发现，地区之间的信任程度越低，越可能选择交易成本较高的商业信用模式，如预付账款、应付票据等。陈运森和王玉涛（2010）

研究了审计质量在商业信用模式选择中的影响，研究发现审计质量越高，交易双方更倾向于选择交易成本较低的商业信用模式，这是因为高质量的审计使交易双方更容易形成互相信任的关系。

2.4 商业信用的经济后果

从国外的研究来看，由于金融体系和法律体系相对比较完善，对商业信用经济后果的研究一般多侧重于其缓解信息不对称及所发挥的公司治理作用，认为商业信用与银行信用相比，具有融资比较优势，这是因为供应商或客户在长期的业务交易中，比银行有更多的信息优势，能更好地识别企业的违约风险，从而发挥其比银行更好的监管作用，且监督成本更小（Smith，1987；Biais and Gollier，1997；Cuñat，2007）。

由于我国面临不太完善的法律环境和融资环境，与国外研究结论不同，国内关于商业信用经济后果的研究也形成了不同的结论。一方面从中国经济发展的实践出发，认为商业信用对我国企业发展和经济增长有重要作用；另一方面，由于我国法律体系和金融体系相对滞后，企业之间的商业信用所产生的债务关系呈现出较强的“三角债”拖欠问题，增加了商业信用的违约风险，危害了我国经济的健康运行。

2.4.1 商业信用与企业成长性

我国作为转型经济中的发展中国家，商业信用对经济增长和企业发展起到了重要作用（高善文，1997；王彦超和林斌，2008），无疑具有重要的研究意义。Ge and Qiu（2007）认为中国经济虽然实现了快速增长，但融资环境依然较差，融资渠道也有限，这些都影响

了公司的发展；通过比较国有企业和民营企业的融资方式发现，我国民营企业难以从正规的金融渠道获取银行借款，更多通过获取商业信用来满足其资金需求。

王彦超和林斌（2008）从我国特有的制度环境出发，研究发现我国金融机构整体的信贷资源配置效率较低，企业难以从正规的金融系统获得银行贷款时，会获取商业信用来满足融资需求，提高资源配置效率。

石晓军和张顺明（2010）研究发现，商业信用可以缓解融资约束，提高资源配置效率，实现比正规金融系统更大的规模效率。

2.4.2　商业信用与债务违约风险

樊纲（1996）提出我国经济除受负债率高影响外，还受企业间债务拖欠（即企业间的“三角债”）问题的困扰，且企业间债务拖欠呈不断恶化的趋势；很多企业受债务之累，已经无法正常运转，企业间债务拖欠问题在相当大程度上影响了整个经济的发展。

金碚（2006）认为我国一些产业已经形成了对债务支付拖欠的高度依赖性，这使得债务支付拖欠行为成为一种普遍的“强制性信用”现象和恶俗性竞争工具，整个经济运行处于扭曲状态，对我国经济运行和宏观调控产生了重要影响。

张杰和冯俊新（2011）研究发现，我国企业间的货款拖欠已经成为困扰我国经济发展的重大现实问题，企业间货款拖欠的影响因素既有企业自身特征的差异，也有外部制度环境的关系。我国本土企业间的货款拖欠会降低企业全要素生产率，抑制企业的创新研发活动，阻碍我国经济的增长。

刘小鲁（2012）对我国商业信用的资源配置效应以及恶意拖欠基础上的强制性信用特征进行了检验，发现拥有更多应收账款的企业倾向于扩大应付账款规模，使企业间的债务关系呈现出较强的

“三角债”趋势，这可能是市场势力的存在扭曲了配置的结果。检验结果说明我国商业信用具有显著的恶意拖欠特征与违约风险，不仅未能改善资源配置效率，反而增大了市场的交易费用和运行风险。

2.5 企业战略的研究

为了在竞争中获取优势，发展核心竞争力，企业往往会根据市场环境和自身状况采取一系列综合性、协调性的约定和行动，即为企业战略（Hitt et al.，2015）。企业战略关系着企业的全局和未来，是企业一系列决策的起点和基础（Chandler，1962）。企业战略不同，意味着企业的目标、市场定位、经营模式、组织结构、经营策略等均不同（Miles and Snow，1978，2003），进而企业的生产经营活动、经营管理等方方面面都会产生较大的差异。

王化成等（2011）提出，企业战略、经营模式所起的作用等问题还没有得到足够重视，应该加强企业战略对财务管理实践的研究。而企业战略无论是在国外的财务、会计领域，还是在国内的财务、会计领域的研究中一直都较少，主要原因是现有对企业战略类型的划分方法大部分只能通过对公司管理层访谈或调查获得，对企业战略进行客观计量较为困难。而 Bentley et al.（2013）的研究指出，Miles and Snow（1978，2003）依据企业产品和市场的更新速率将企业战略分为进攻型战略、防御型战略和分析型战略，这种分类方法不仅涵盖了已有的主流战略划分类型，还可以利用档案数据进行度量。为此，Bentley et al.（2013）利用财务数据将企业按照 Miles and Snow（1978，2003）的战略分类方法进行评分分类，从而为企业战略度量提供了解决办法。企业战略的度量难题解决后，企业战略也逐渐得到财务学者的关注和重视，一系列关于企业战略影响财

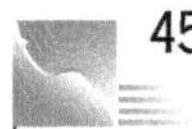

务行为和财务特征的研究开始展现。

纵观现有企业战略与会计、财务方面的文献，主要有两类，一类是从企业战略差异度入手，分析企业战略偏离行业常规的程度与会计信息的价值相关性（叶康涛等，2014）、银行借款契约（李志刚和施先旺，2016）、会计盈余管理行为选择（叶康涛等，2015）、企业现金持有（杨兴全和张兆慧，2018）、股价崩盘风险（侯德帅等，2018）、商业信用融资（黄波等，2018）等之间的关系；当企业采用有别于行业常规的差异化战略时，一方面会导致企业业绩偏离行业平均水平，业绩波动性较大（Tang et al.，2011），风险增加；另一方面会导致企业利益相关者难以按照行业常规、已有经验或惯有常识来正确评价企业的经营活动与经营业绩（Carpenter，2000），外界难以评判其准确性，因而这类公司具有更多的应计项目盈余管理行为（叶康涛等，2015）、更高的债务融资成本（李志刚和施先旺，2016）、更低的会计信息价值相关性（叶康涛等，2014）等。

另一类是按照 Miles and Snow（1978，2003）对企业战略划分的类型，采用财务指标度量企业采用不同的战略类型后，分析企业战略的不同类型与财务报告舞弊（Bentley，2013）、税收规避（Higgins，2014）、股价崩盘的风险（Habib，2014；孙健等，2016）、现金持有价值（程菲，2015）、过度投资（王化成等，2016）、盈余管理（孙健等，2016）、会计盈余特征（刘行，2016）、风险承担水平（张先治和柳志南，2017）、企业经营绩效（王百强等，2018）、财务困境（高梦捷，2018）等之间的关系。

企业战略越激进，一方面所需的研发支出、营销费用、管理费用等方面的支出越大，融资需求更强（Miles and Snow，1978），盈余管理程度也更高（孙健等，2016），会计稳健性程度更低（刘行，2016），财务报告舞弊的概率更大，因而审计力度也更大（Bentley et al.，2013），更倾向于进行税收规避（Higgins et al.，2014），股价崩盘风险更大（Habib et al.，2014），越容易陷入财务困境（高梦捷，2017）。

另一方面，进攻型企业战略将创新化和差异化作为提升企业核心竞争力的途径，大力开发新产品和新市场，研发的产品往往具有不可复制性，在一定程度上具有较强的议价能力和定价空间，因而企业的盈利能力更强，市场价值更高（王百强等，2018），其风险承担水平也更高（张先治和柳志南，2017）。

在组织结构和内部控制方面，实行进攻型战略的企业，其组织结构是变化的，做决策时往往缺乏详细的规划，相应的内部控制机制较为分散和不稳定（Miles and Snow，1978），运营效率较低（王百强等，2017），企业管理者的薪酬更有可能基于股票期权，而非固定薪酬（Singh and Agrawal，2002）；而实施防御型战略的企业具有高度结构化的内部组织形式（Porter，1980），始终以现有产品和市场领域的效率最大化为目标，具有高度结构化的内部组织形式，内控机制较为集中和稳定，运营效率较高（王百强等，2017），企业管理者的薪酬多以财务业绩标准为主（Singh and Agrawal，2002）。

2.5.1 企业战略与融资需求

企业采用不同类型的企业战略，相应的企业目标、市场定位、经营模式、组织结构等方面也不同（Miles and Snow，1978，2003），进而对企业的生产经营活动、经营管理等方方面面产生的影响也会有较大的差异，相应的财务和经营决策也不同（Villalonga，2004）；企业战略是影响企业投融资决策的一项重要因素（王化成等，2016）。不同的战略在实施过程中会影响企业的各项职能。企业战略不同，所需投入的研发支出、人力资源、营销费用等也会不同，这些最终都会导致企业对融资的需求不同。

进攻型企业不断开发新产品，寻找新市场，在不同领域主动寻找突破口，因此在研发支出、人力资源、营销费用等方面需要大量

支出，对资金的需求更强（Miles and Snow，1978）；而防御型企业战略专注于已有的产品和市场，在有限的产品和市场范围内，会尽可能减少研发支出、广告宣传支出等，通过不断降低生产成本，提高效率，以较低的产品价格、较好的售后服务和质量来获取其竞争优势。所以，实施进攻型企业战略所产生的融资需求远高于防御型企业战略。此外，实施进攻型战略的企业，其现金流水平通常也比实施防御型战略的企业更低，更容易陷入财务困境，融资需求通常更高（Hambrick，1983）。孙健等（2016）利用我国上市公司的数据进行研究也发现，进攻型企业的现金充足率较低，融资需求较高。

2.5.2　企业战略与公司债务融资行为

债务融资是企业满足资金需求的重要手段，主要有银行借款、商业信用和发行债券三种主要方式。这三种方式各有利弊，由于我国企业债券市场还不完善，其对企业的债务融资作用没有得到充分发挥，银行借款和商业信用则成了我国企业最重要的两种融资方式。李志刚和施先旺（2016）探讨了战略差异与银行借款之间的关系，研究发现，企业战略差异度越大，获得的银行信贷利率越高、金额越少、期限也越短。

宏观经济政策也会对企业的融资能力有重要影响，如货币政策、经济周期等。叶康涛和祝继高（2009）研究发现，货币政策紧缩时期，上市公司信贷融资额度大幅度下降。饶品贵和姜国华（2013）研究发现，与货币政策紧缩时期相比，企业在货币政策宽松时期获得的银行贷款更多。祝继高和陆正飞（2009）则发现货币政策紧缩时期，货币供应量减少，企业会提高现金持有水平；而在货币政策宽松时期，货币供应量增加，企业会降低现金持有水平。

孙健等（2016）研究了经济周期对企业融资行为的影响，发现在经济下行期间，货币政策趋于宽松，融资难度下降，管理层通过盈余管理获取融资的动机较弱。

2.5.3　企业战略与盈余管理

融资需求是盈余管理的重要动机之一，陆正飞等（2008）研究发现，我国商业银行不能有效识别企业的盈余管理行为，因此，为了获得更多贷款，企业可能会有更多的盈余管理行为。卢太平和张东旭（2014）通过比较有不同融资需求的企业的盈余管理行为发现，融资需求较高的企业，盈余管理行为也更多。

Dichev et al.（2013）就影响盈余质量的因素问题对上市公司的财务总监进行了问卷调查，结果显示企业战略是诸多因素中最重要的，其重要程度超过了内部控制、公司治理等。不同企业实行不同的战略时，其融资需求会有较大差异，孙健等（2016）研究发现，企业战略对盈余管理有显著影响，企业战略越激进，盈余管理程度也更高。在经济周期的上行期间，宏观调控力度加大，货币政策趋紧，上市公司的融资难度加大，管理层为获得更多融资而进行盈余管理的动机也更强，企业战略对盈余管理的影响更强；反之，在经济下行期间，货币政策趋于宽松，上市公司融资难度下降，管理层通过盈余管理获取融资的动机较弱，企业战略对盈余管理的影响较弱。

叶康涛等（2015）研究发现企业战略偏离行业常规程度越高，信息不对称程度越强，企业越倾向于选择成本相对较低的应计项目来进行盈余管理。

刘行（2016）从会计稳健性的角度考察了企业采用的战略类型对盈余特征的影响，研究发现，企业战略越倾激进，会计稳健性程度越低；企业战略越倾保守，会计稳健性程度越高。

2.5.4　企业战略与经营业绩、市场价值

Buzzell and Gale（1987）认为，成功的战略能给企业带来优良

的财务业绩。大多数企业往往会采用行业中常规的战略，但同时也会面临更激烈的竞争（Geletkanycz and Hambrick，1997），降低企业的利润率。

进攻型企业战略将创新化和差异化作为提升企业核心竞争力的途径，加大研发投入和营销力度，大力开发新产品和新市场（Miles and Snow，1978），所研发的产品往往难以被替代，一般处于引领市场发展的地位，对外部环境的变化往往比较敏锐，而不是被动适应环境，作为市场未来发展方向的领导者，实施进攻型战略的企业，其研发的产品往往具有不可复制性，在一定程度上具有较强的议价能力和定价空间，因此实施进攻型战略的企业往往具有较强的盈利能力，企业的利润率较高。而实施防御型战略的企业，其产品类型和市场都比较单一，往往生产相对成熟的产品，市场中存在大量生产同类产品的企业，有更多的替代品，所处市场竞争程度较高，因而其产品的议价能力不强，与实施进攻型战略的企业相比，其盈利能力相对较弱。

王百强等（2018）利用2003—2014年我国A股上市公司的数据，研究发现企业战略对企业的经营绩效具有显著影响；企业战略越激进，其市场价值更高、盈利能力更强。

较高的风险承担水平可以激发企业的潜力，能帮助企业获取长期的竞争优势（Low，2009；李文贵和余明桂，2012）。进攻型企业战略以创新为主，为了发现新的机遇，公司需要进行多方面的探索，其结果也具有较大的不确定性，必须承担潜在失败的风险，因而实施进攻型战略的企业的风险承担水平也相对较高（Rajagopalan，1997）。张先治和柳志南（2017）考察了企业战略对风险承担的影响，研究发现企业战略越激进，其风险承担水平越高。

2.5.5 企业战略与经营业绩、市场价值

企业采用行业常规战略时，相应的企业业绩也比较稳定

(Zwiebel，1995a)。这是因为企业采用与行业常规相符的战略时，可以避免与现行法律法规制度等的冲突，减少企业生产经营过程中的不确定性（Meyer and Rowan，1997)。而企业偏离行业常规战略时，会导致企业经营业绩出现不确定性（Tang et al.，2011)，同时也会使得企业利益相关者难以根据行业常规、已有经验或惯有常识来正确评价企业的经营风险和经营业绩（Carpenter，2000)。

进攻型企业战略因关注多元化的产品和市场，处于不断的发展变化中，为了发现新的机遇，实施进攻型战略的企业往往需要进行一系列的探索和研发，因而会面临诸多的变化，结果也往往具有较大的不确定性。Kothari et al.（2002）指出，研发活动的结果具有高风险和不可预测性，因此研发投入会增加企业经营成果的波动性。与进攻型企业战略相比，防御型企业战略强调组织结构要保持稳定，并将产品和市场限定在有限的领域内，就是为了将不确定性降到最低。

Bentley et al.（2013）研究发现，与防御型企业战略相比，企业实行进攻型战略，其财务报告舞弊的概率更大，因而审计力度也更大。Higgins et al.（2014）研究了企业采用的战略类型与税收规避之间的关系，研究发现企业战略越激进，税收规避程度越高。Habib et al.（2014）则研究了企业采用的战略类型与股价崩盘风险之间的关系，研究发现企业战略越激进，股价崩盘风险越大。孙健等（2016）基于A股上市公司研究企业战略与股价崩盘风险之间的关系，也得出了同样的结论，同时还发现融资需求和管理层股权激励是企业战略影响股价崩盘风险的两条路径。王化成等（2016）研究发现企业战略越激进，过度投资的程度越高。

姜付秀等（2009）认为，过度自信的管理者采用激进扩张的战略会增加企业陷入财务困境的可能。高梦捷（2017）考察了企业战略对财务困境的影响，研究发现，企业战略越激进，越容易陷入财务困境。

2.5.6　企业战略与会计信息质量特征

叶康涛等（2014）研究发现，企业战略偏离行业常规程度越高，净利润的波动性越强，利润的持续性减弱，净利润的会计信息价值相关性也越低；同时经营风险越大，融资成本上升，所有者权益的会计信息价值相关性越高。

刘行（2016）考察了企业采用的战略类型对会计盈余特征的影响，研究发现，企业战略越激进，会计稳健性程度越低。

2.5.7　企业战略与组织结构、薪酬契约

战略决定结构（Chandler，1962），反之，企业的组织结构要与企业战略相对应。进攻型企业战略和防御型企业战略在组织结构上表现出完全不同的特点，相应的薪酬激励契约设计和薪酬结构也存在显著差异。

从组织结构来看，实施进攻型战略的企业是积极创新的企业，始终处于不断变化的环境中，为了适应环境变化，必然要求其组织结构也是变化的。而实施防御型战略的企业显然是一种寻求稳定的组织结构，具有高度结构化的内部组织形式（Porter，1980）。实施防御型战略的企业，其组织结构相对比较稳定，而实施进攻型战略的企业通常员工聘期更短、员工更替更频繁。

在薪酬契约方面，进攻型企业战略将创新化和差异化作为提升企业核心竞争力的途径，大力开发新产品和新市场，需要投入的研发费用高，研发产出却不一定能保证，存在较大的不确定性。Rajagopalan（1997）研究发现，实施进攻型战略的企业在面临较大不确定性时，更有可能采用股票期权作为管理者的薪酬，而不是固定薪酬，从而鼓励管理者的风险承担行为。Singh and Agrawal（2002）

的研究表明，为鼓励创新，实施进攻型战略的企业，其管理层的薪酬合同更强调长期视角，并以股票或期权为主，甚至有些实施进攻型战略的企业的管理层薪酬仅与公司的股价表现相关；而实施防御型战略的企业更强调短期目标，多以财务业绩标准为主。

2.5.8 企业战略与内部控制、运营效率

实施进攻型战略的企业是积极创新的企业，始终处于不断变化的环境中，为了适应环境变化，必然要求其组织结构也是变化的，做决策时往往缺乏详细的规划，相应的内部控制机制较为分散和不稳定（Miles and Snow，1978）。而实施防御型战略的企业具有高度结构化的内部组织形式（Porter，1980），始终以现有产品和市场领域的效率最大化为目标，具有高度结构化的内部组织形式，极少出现非常规性的决策，往往会通过详细的规划来决定各项企业决策的实施，内控机制较为集中和稳定。

王百强等（2017）基于我国A股上市公司，研究发现企业战略越保守，企业的组织结构越稳定，处于稳定的外部市场环境，其运营效率更高。

2.6 对现有文献的简要评价

从前述商业信用的研究来看，商业信用的现有研究主要围绕商业信用大量存在或产生的原因展开，归纳起来为经营性动机和融资性动机，并形成了两个主流理论——替代性融资理论和买方市场理论，分别从商业信用的供给和需求两个角度说明了商业信用大量、普遍存在的原因。国内外学者从不同的视角、结合不同的因素得出了不同的结论。那么到底有哪些具体因素会影响商业信用的规模呢？

现有文献归纳起来，可以分为两大方面，一是与企业自身特征相关的微观因素，如企业的产权性质、企业规模、企业年龄、企业的盈利能力、企业的经营现金流量、企业的市场地位、企业获得银行信用的状况等。二是与企业外部环境有关的宏观因素，如货币政策、经济周期、金融环境、市场发展水平、产业竞争程度等，研究商业信用对货币政策、实体经济、金融系统稳定性等的影响。

尽管商业信用的研究取得了丰硕的成果，形成了大量的文献，现有商业信用的研究却忽略了企业战略这一重要因素的影响。这也许是因为现有对企业战略类型的划分方法大部分只能通过对公司管理层进行访谈或调查获得，而利用公开的财务数据对企业战略进行客观计量较为困难，限制了企业战略的相关研究。Bentley et al.（2013）的研究解决了这一难题，利用财务数据将企业按照 Miles and Snow（1978，2003）的战略分类方法进行评分分类，为度量企业战略提供了解决办法，也为接下来企业战略影响财务行为和财务特征的一系列研究打开了一条路径。

商业信用作为公司债务融资方式的重要组成部分，在企业债务融资中所占的比例越来越高，其重要性不言而喻，现有商业信用方面的研究成果无疑为我国制度背景和市场条件下开展商业信用的相关研究提供了良好的基础。但我国作为转型经济中的发展中国家，虽然自改革开放以来，经济高速增长，但金融发展相对滞后，企业融资渠道有限，特定的制度背景导致我国银行信贷资源的配置存在着较强的所有制歧视，企业存在较强的融资约束；而法律体系、产权保证等方面的不足，导致企业债务融资的影响因素更加复杂。在此背景下，将企业战略类型、国外较为成熟的商业信用理论体系与我国特有的制度环境相结合，有利于更加清晰地认识我国上市公司的债务融资实践，从而为政府、企业和投资者的经营决策等提供合理的政策建议。

企业战略关系着企业的全局和未来，是企业一系列决策的起点和基础。企业战略不同，导致企业对商业信用的需求不同，供应商和客户对企业提供商业信用的意愿也不同，而商业信用是供给和需求共同作用下的结果。

从商业信用的需求来看，企业战略不同，意味着企业目标、市场定位、经营模式、组织结构、经营策略等均表现出不同，进而企业的生产经营活动、经营管理等方方面面都会产生较大的差异，战略实施过程中所需投入的研发支出、人力资源、营销费用等也会不同，这些都会影响企业的现金流，导致企业对融资的需求不同，进而对企业的融资方式和渠道产生不同的影响。进攻型企业战略在研发投入、市场营销、人力资源、管理费用等方面需要更多投入，资金需求更高，对商业信用的融资需求也更高。

从供应商和客户对企业提供商业信用的意愿来说，存在着两个不同方向的影响。一方面，从产品特征和盈利能力来看，进攻型企业战略将创新化和差异化作为提升企业核心竞争力的途径，研发的产品往往具有不可复制性，在一定程度上具有较强的议价能力和定价空间，因而企业的盈利能力更强，市场价值更高（王百强等，2018)，其风险承担水平也更高（张先治和柳志南，2017)。供应商或客户在长期的业务交往中，比银行具有更强的信息优势，更愿意为具有独特产品、盈利能力强的企业提供商业信用。但从风险角度来看，企业战略越激进，融资需求更强（Miles and Snow，1978)，盈余管理程度也更高（孙健等，2016)，会计稳健性程度更低（刘行，2016)，财务报告舞弊的概率更大，因而审计力度也更大(Bentley et al.，2013)，更倾向于进行税收规避（Higgins et al.，2014)，股价崩盘风险更大（Habib et al.，2014)，越容易陷入财务困境（高梦捷，2017)。因此，从风险角度来看，企业战略越激进，上下游供应链提供商业信用的意愿越低。

企业实行不同的战略会对商业信用产生什么样的影响，是个值得研究的话题。具体来说，可着重讨论以下几方面的问题：

（1）作为企业全局性和长远性的规划，企业战略影响企业的方方面面，那么企业战略是如何影响企业债务融资的选择，如何影响债务融资方式中的商业信用融资的？企业战略影响商业信用融资的内在机理是什么，即企业战略类型通过什么中介变量来影响商业信用？

以我国特有的制度背景为基础，探索企业战略的激进程度对上市公司债务结构选择的影响，将极大拓展企业债务融资相关讨论的研究视野，不仅形成对国外相关理论研究的重要补充，而且有利于进一步揭示我国上市公司的债务融资行为现状和影响因素。

（2）结合中国特色制度背景，从企业战略入手，对我国企业间商业信用的存在机理进行系统性的分析与讨论。在我国上市公司中，商业信用的存在机理是什么？商业信用的替代性融资理论是否能解释企业战略对商业信用的影响？

无论国内还是国外，对于商业信用存在机理的讨论都存在一定的争议，如何采用完善的理论分析和实证研究方法，从企业战略入手，对我国制度背景下企业商业信用的存在机理进行探讨，有助于更加深入商业信用的相关讨论，具有较强的理论和实践意义。

（3）考虑企业的微观特征“市场地位”，市场地位是否会对实行不同战略类型的企业选择债务融资的方式产生冲击？市场地位越高的企业，是否倾向于选择成本较低的债务融资方式？市场地位是否影响企业战略与商业信用之间的关系？市场地位影响企业战略与商业信用之间的关系，是否论证了商业信用的买方市场理论？当企业面临不同的融资约束程度时，所处行业市场竞争程度不同时，市场地位对企业战略和商业信用之间关系的影响是否存在差异？

（4）通过逐步引入微观企业特征和宏观货币政策，将宏观经济政策与微观企业行为相结合，研究货币政策是否影响企业战略与商业信用之间的关系。在我国特有的制度背景下，国有企业与非国有企业相比，货币政策影响企业战略与商业信用之间的关系是否有差异？与宽松的货币政策时期相比，企业处于紧缩的货币政策时期时，市场地位的不同是否影响企业战略与商业信用之间的关系？

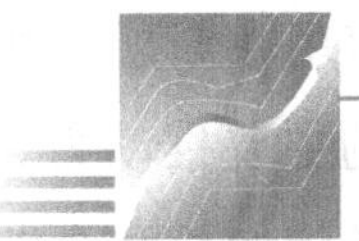

第3章　企业战略与商业信用

3.1　引言

企业与供应商或客户在买卖商品时，通过推迟付款或提前收款所形成的借贷关系，就是以商品形态获得的商业信用。商业信用作为企业重要的短期融资手段，在世界范围内普遍存在（Rajan and Zingales，1995）。在我国，沪深A股上市公司2007—2016年所获得的商业信用占总资产的比重平均达到了16.6%。这与同期银行长短期贷款占总资产的比例16.9%大致相当。王彦超和林斌（2008）认为发展中国家的金融市场不发达，正规的融资体系导致信贷资源配置效率低，商业信用作为企业获取融资的重要渠道，有利于提高资源配置效率。Coricelli（1996）、McMillan and Woodruff（1999）、Fisman and Love（2003）等人的研究也表明，商业信用在金融市场不健全的发展中国家及经济转型国家中是企业发展的主要推动力。而我国作为转型经济中的发展中国家，商业信用对经济增长和企业发展起到了重要作用（高善文，1997；王彦超、林斌，2008），具有重要的研究意义。

已有的商业信用研究主要围绕其广泛存在或产生的原因来展开。微观方面主要从企业的产权性质、规模、年龄、盈利能力、经营现金流量、市场地位等角度研究商业信用的影响因素以及商业信用与银行信用的替代或互补关系；宏观方面主要从货币政策、经济周期、金融环境、市场发展水平、产业竞争程度等因素研究其与商业信用的关系。目前的研究忽视了企业战略对商业信用融资的影响。

为了在竞争中获取优势，发展核心竞争力，企业往往会根据市场环境和自身状况采取一系列综合性、协调性的约定和行动，即为企业战略（Hitt et al.，2015）。企业战略有不同的分类方法，Miles and Snow（1978，2003）将企业战略细分为进攻型、防御型和分析型三种。企业采用不同类型的战略，相应的企业目标、市场定位、经营模式、组织结构等方面也不同（Miles and Snow，1978，2003），对企业的生产经营活动、经营管理等方方面面产生的影响也会有较大的差异，进而影响企业战略实施过程中所需投入的研发、人力资源、营销费用等，这些都会影响企业的现金流，导致企业对融资的需求不同，对企业的融资方式和渠道产生不同的影响。同时，企业战略不同，相应的风险偏好、风险程度、商业信用政策也不一样。

从实行不同战略类型的企业对商业信用的需求来看，与防御型企业战略相比，进攻型企业战略大力开发新产品和新市场，在研发投入、市场营销、人力资源、管理费用等方面需要更多投入，资金需求更高，其现金流持有水平却较低（Miles and Snow，1978，

2003；Hambrick，1983；孙健等，2016)，更需要通过商业信用融资来减轻融资压力，降低融资成本。

从上下游供应链对实行不同战略类型的企业供给商业信用的意愿来看，存在着两个不同方向的影响。一方面，从实行不同战略类型的企业的产品特征和盈利能力来看，进攻型企业战略将创新化和差异化作为提升企业核心竞争力的途径，研发的产品往往具有不可复制性，在一定程度上具有较强的议价能力和定价空间，因而企业的盈利能力更强，市场价值更高（王百强等，2018），其风险承担水平也更高（张先治和柳志南，2017）。而供应商或客户在长期的业务交往中，比银行具有更强的信息优势，更愿意为具有独特产品、盈利能力强的企业提供商业信用。另一方面，从风险角度来看，企业战略越激进，融资需求更强（Miles and Snow，1978)，盈余管理程度也更高（孙健等，2016)，会计稳健性程度更低（刘行，2016)，财务报告舞弊的概率更大，因而审计力度也更大（Bentley et al.，2013)，更倾向于进行税收规避（Higgins et al.，2014)，股价崩盘风险更大（Habib et al.，2014)，越容易陷入财务困境（高梦捷，2017)。因此，从风险角度来看，企业战略越激进，上下游供应链提供商业信用的意愿越低。

基于上述分析，本书以 2011—2016 年我国 A 股上市公司为研究样本，探讨了企业战略对商业信用的影响。研究发现，企业战略越激进，获得的商业信用越多。从商业信用的获取渠道来比较，本书研究发现，无论是处于上游的供应商，还是处于下游的客户，企业战略越激进，获得的商业信用越多。从商业信用模式来比较，研究发现企业战略越激进，交易成本较低的商业信用模式（应付账款、预收账款）的使用越高。本书还进一步对企业战略影响商业信用的内在机理进行了探讨，通过中介效应检验发现，企业战略通过融资需求影响商业信用。

本书的贡献主要体现为：

（1）首次从企业战略的视角，探讨了企业战略激进程度对企业债务融资方式中的非正规融资方式——商业信用的影响，拓展了企业战略在财务、会计领域的研究。

（2）从企业战略入手，研究企业战略激进程度对商业信用的影响，不仅丰富了商业信用的已有研究，还从企业战略视角论证了商业信用的替代性融资理论。

（3）进一步检验了企业战略激进程度对商业信用的获取渠道、商业信用模式的影响。

（4）厘清了企业战略影响商业信用融资的路径，发现企业战略通过融资需求这个中介变量影响商业信用。

3.2 理论分析与研究假设

3.2.1 商业信用存在机理

作为企业重要的短期资金来源，商业信用引起了实务界和学术界的广泛关注，主要集中在其产生的动机和影响因素上。

从商业信用供给的角度来讲，在金融机构作为专业的信贷供给组织存在的条件下，企业为何还会向客户提供商业信用融资？从商业信用需求的角度来讲，在银行信用存在的条件下，企业为何还需要商业信用作为融资手段？对此，学术界给出了两种理论解释，即融资比较优势理论和信贷配给理论。

（1）融资比较优势理论认为，企业向客户提供商业信用之所以不能完全被银行信用所取代，是因为企业与银行相比更有比较优势。Petersen and Rajan（1997）对此做了系统总结，认为企业与银行相比，具有信息获取优势、对客户的控制力优势和财产挽回优势。由

于长期的业务联系，企业可以及时、高效地掌握客户的经营信息，给出相应的信用政策；同时利用业务联系或停止供货来促使客户遵守合约，避免客户违约；一旦客户发生异常或出现经营失败，可利用销售网络快速索回产品，减少损失。这些都是银行不具备的信息优势。

（2）信贷配给是 Meltzer（1960）提出的概念。Stiglitz and Weiss（1981）进一步分析了信贷配给的成因，指出银行与企业之间由于信息不对称会引起逆向选择问题，与愿意支付多高的利息无关，某些类型的借款者会因为信息不对称问题而被排斥在信贷市场之外。在这种情况下，这些企业会转向使用商业信用，成为银行信贷的替代性融资方式，即商业信用的替代性融资理论。这两种理论分别从供给和需求两个角度说明了商业信用大量、普遍存在的原因。

3.2.2　企业战略

企业战略有多种划分方式，如大家最熟悉的 Porter（1980）的产品差异型战略和成本领先型战略，又如 March（1991）的探索型战略和利用型战略，Treacy and Wiersema（1995）的产品领先型战略、高效运营型战略和亲密顾客型战略，Miles and Snow（1978，2003）的进攻型战略、防御型战略和分析型战略。这些战略分类方法虽然看起来不尽相同，但相互之间存在着共性（Dent，1990；Langfield-Smith，1997）。其中，Miles and Snow（1978，2003）依据企业产品和市场的更新速率对企业战略所做的分类，更贴近企业在现实经营管理过程中选择的具体战略（刘刚和于晓东，2015）。

Miles and Snow（1978，2003）提出，进攻型企业战略将创新化和差异化作为提升企业核心竞争力的途径，加大研发投入和营销力度，大力开发新产品和新市场，与 Porter 的高差异战略、March 的探索型战略和 Treacy 的产品领先型战略类似。防御型企业则专注于已有的产品和市场，注重降低成本，提高效率，以较低的产品价格、较好的售后服务和质量作为其竞争优势，与 Porter 的低成本战略、March 的利用型战略和 Treacy 的高效运营型战略类似（Dent，1990；Langfield-Smith，1997）。介于两者之间的是分析型战略，从现有的市场环境出发，对进攻型战略和防御型战略进行取舍和判断。

企业战略在财务领域的研究一直比较少，王化成等（2011）提出，企业战略、经营模式所起的作用等问题尚未得到足够重视，应加强企业战略对公司财务管理实践的研究。而制约企业战略在财务领域研究的主要因素是企业战略的度量。Bentley et al.（2013）指出，Miles and Snow（1978，2003）将企业战略划分为进攻型、防御型和分析型，这种分类方法最大的优点就是可以利用公开的档案数据进行客观度量，而其他战略类型划分方法只能通过对公司管理层访谈或调查获得，限制了企业战略在其他领域的研究。为此，Bentley et al.（2013）按照 Miles and Snow（1978，2003）的战略分类方法，利用公开可获得的财务数据构建评分模型，并按照各企业的得分确定其战略类型。Bentley et al.（2013）的战略评分方法对企业战略度量提供了解决办法，此后一系列研究按照这一方法展开。但没有文献从企业战略角度分析其对商业信用的影响。

3.2.3 企业战略与商业信用

企业战略不同，企业的目标、市场定位、经营模式、经营特点等就会不同，相应的财务和经营决策也不同，而企业战略是影响企业投融资决策的一项重要因素（王化成等，2016）。商业信用作为企业融资的重要渠道之一，必然也会受企业战略影响。商业信用是供给和需求共同作用下的结果，下面分别从企业实行不同的战略类型对商业信用的需求和上下游供应链对企业提供商业信用的意愿两个角度来分析其可能的影响。

1. 企业战略与商业信用融资需求

企业战略不同，意味着企业目标、市场定位、经营模式、组织结构、经营策略等均表现出不同（Miles and Snow，1978，2003），进而企业的生产经营活动、经营管理等方方面面都会产生较大的差异。相应地，在战略实施上，所需投入的研发支出、人力资源、营销费用等也会不同。

与防御型战略相比，采用进攻型战略的企业不断开发新产品，寻找新市场，在不同领域主动寻找突破口，因此在研发支出、人力资源、营销费用等方面需要大量支出，对资金的需求更强（Miles and Snow，1978）；而防御型企业战略专注于已有的产品和市场，在有限的产品和市场范围内，会尽可能减少研发支出、广告宣传支出等，通过不断降低生产成本，提高效率，以较低的产品价格、较好的售后服务和质量来获取其竞争优势。所以，实施进攻型企业战略所产生的融资需求远高于防御型企业战略。

此外，实施进攻型战略的企业，其现金流水平通常也比实施防御型战略的企业更低，更容易陷入财务困境，融资需求通常更高（Hambrick，1983）。孙健等（2016）利用我国上市公司的数据进行研究也发现，与防御型战略相比，采用进攻型战略的企业的现金充足率较低，融资需求较高。

作为银行信贷的替代性融资方式，商业信用在企业融资来源中占据重要位置，从商业信用需求的角度来看，进攻型企业显然比防御型企业更高，更需要通过商业信用融资来减轻融资压力，降低融资成本。

2. 企业战略与上下游供应链供给商业信用的意愿

虽然进攻型企业比防御型企业对商业信用的需求更高，但能否获得更多的商业信用，还取决于上下游供应链的供应商或客户是否愿意提供商业信用。从供给意愿来看，存在着两个不同方向的影响。

(1) 从实行不同战略类型的企业的产品特征和盈利能力来看，企业战略越激进，上下游供应链提供商业信用的意愿更高。

Buzzell and Gale (1987) 认为，成功的战略能给企业带来优良的财务业绩。大多数企业往往会采用行业中常规的战略，但同时也会面临更激烈的竞争 (Geletkanycz and Hambrick，1997)，降低企业的利润率。进攻型企业战略将创新化和差异化作为提升企业核心竞争力的途径，加大研发投入和营销力度，大力开发新产品和新市场 (Miles and Snow，1978)，所研发的产品往往难以被替代，一般处于引领市场发展的地位，对外部环境的变化往往比较敏锐，而不是被动适应环境，作为市场未来发展方向的领导者，实施进攻型战略的企业，其研发的产品往往具有不可复制性，具有较强的议价能力和定价空间，因此实施进攻型战略的企业往往具有较强的盈利能力，企业的利润率较高。而实施防御型战略的企业，其产品类型和市场都比较单一，往往生产相对成熟的产品，市场中存在大量生产同类产品的企业，有更多的替代品，所处市场竞争程度较高，因而其产品不具有较强的议价能力，与实施进攻型战略的企业相比，其盈利能力相对较弱。

王百强等 (2018) 利用 2003—2014 年我国 A 股上市公司的数据，研究发现企业战略越激进，企业的市场价值更高、盈利能力更强。

供应商或客户在长期的业务交往中，比银行具有更强的信息优势，更愿意为具有独特产品、盈利能力强的企业提供商业信用。

(2) 从实行不同战略类型的企业的经营风险和不确定性、会计信息质量特征、盈余管理等方面来看，企业战略越激进，上下游供应链提供商业信用的意愿更低。

进攻型企业战略因关注多元化的产品和市场，处于不断的发展变化中，为了发现新的机遇，实施进攻型战略的企业往往需要进行一系列的探索和研发，因而会面临诸多的变化，结果也往往具有较大的不确定性。Kothari et al.（2002）指出，研发活动的结果具有高风险和不可预测性，因此研发投入会增加企业经营成果的波动性。与进攻型企业战略相比，防御型企业战略强调组织结构要保持稳定，并将产品和市场限定在有限的领域内，就是为了将不确定性降到最低。

Bentley et al.（2013）研究发现，与防御型企业战略相比，企业实行进攻型战略，其财务报告舞弊的概率更大，因而审计力度也更大。Higgins et al.（2014）研究了企业采用的战略类型与税收规避之间的关系，研究发现企业战略越激进，税收规避程度越高。Habib et al.（2014）则研究了企业采用的战略类型与股价崩盘风险之间的关系，研究发现企业战略越激进，股价崩盘风险越大。孙健等（2016）基于A股上市公司研究企业战略与股价崩盘风险之间的关系，也得出了同样的结论。王化成等（2016）研究发现企业战略越激进，过度投资的程度越高。姜付秀等（2009）认为，过度自信的管理者采用激进扩张的战略会增加企业陷入财务困境的可能。高梦捷（2017）考察了企业战略对财务困境的影响，研究发现，企业战略越激进，越容易陷入财务困境。叶康涛等（2014）研究发现，企业战略偏离行业常规程度越高，净利润的波动性越强，利润的持续性减弱，净利润的会计信息价值相关性也越低；同时经营风险越大，融资成本上升，所有者权益的会计信息价值相关性越高。刘行（2016）考察了企业采用的战略类型对会计盈余特征的影响，研究发现，企业战略越激进，会计稳健性程度越低。

因此，从风险角度来看，企业战略越激进，上下游供应链提供商业信用的意愿越低。

根据以上分析，从企业对商业信用的融资需求来看，无疑企业战略越激进，对商业信用的融资需求也越高，二者呈正相关关系；

而从上下游供应链上的供应商和客户给企业提供商业信用的意愿来看，则存在两种不同的影响方向，一方面，企业战略越激进，企业的产品更具有市场竞争优势，盈利能力更强，供应商和客户给企业提供商业信用的意愿越高；另一方面，企业战略越激进，经营风险越大，盈余管理程度更高，会计稳健性程度更低，财务报告舞弊的概率更大，股价崩盘风险更大，越容易陷入财务困境，供应商和客户给企业提供商业信用的意愿越低。虽然从商业信用的供给角度看，存在可能不同方向的影响，但从商业信用的需求角度看，成正相关关系，本书暂且提出假设1：

H1：企业战略越激进，获得的商业信用越多。

3.2.4 企业战略与商业信用获取渠道

从上下游供应链的角度来看，商业信用的获得主要有两个渠道，一是处于上游的供应商提供的，二是处于下游的客户（或销售商）提供的，这两种渠道相对应的也是商业信用的两种主要表现形式：（1）赊购商品，这是最典型也最常见的商业信用形式。买卖双方发生商品交易后，卖方给予买方一定的信用期间，允许买方延迟付款，在会计账务处理上反映为应付账款、应付票据。（2）预收货款。对于一些比较紧俏的商品，或生产周期长、售价比较高的商品，买方为了取得商品，往往要预先向卖方支付货款，待延迟一段时间后才收到货物。这笔预先支付的货款，相当于卖方向买方借了一笔资金，是另一种商业信用的形式。这两种商业信用形式，以第一种为主，也就是说我国大部分商业信用从获得渠道来看是上游供应商提供的。

石晓军和李杰（2009）的研究也发现，我国商业信用的获取渠道主要来自上游的供应商，只要上游的供应商愿意给下游的企业提供商业信用，下游的企业就会使用商业信用。对于创新能力不强、产品差异化程度小、面临较大竞争压力的企业来说，主动向买方提

供商业信用，利用提供商业信用可以帮助其获取竞争优势，促进其产品销售。在产品市场，能否提前收取货款，获得商业信用，则取决于其产品的差异化或独特性。

实施进攻型战略的企业在研发投入和营销力度方面比实施防御型战略的企业更高，往往会根据市场变化，及时捕捉消费者行为习惯的改变，及时对产品做出调整，从而通过高差异性和独创性的产品来保持其竞争优势（Miles and Snow，1978），这些高差异性和独创性的产品与实施防御型战略的企业的单一产品相比，往往定价更高，替代品更少，面临的竞争威胁也更少，因而具有更高的成长性和盈利性（Miles and Snow，1978；孙健等，2016）。商业信用的融资比较优势理论认为，供应商与企业有着长期的业务合作关系，信息透明度相对较高，往往比银行更敏锐，可以及时、高效地掌握企业的经营信息（Petersen and Rajan，1997），往往会出于维持良好合作关系的考虑提供相应的商业信用；而客户（或销售商）为争取进攻型企业的高差异性或独特性产品的优先销售权，往往也会主动提供商业信用。因此，提出本书的假设 2：

H2：企业战略越激进，不仅从上游供应商处获得的商业信用更多，而且从下游客户（或销售商）处获得的商业信用也更多。

3.2.5 企业战略与商业信用模式

从整个经济系统的运行来说，商业信用作为非正规的融资渠道，由于期限短、低利息、无担保等特点，有利于降低整个经济体的交易成本，提高资源配置效率。但从微观个体来看，在购销活动中，企业提供货物后，为了尽快收回货款，降低风险，会根据自身与买方的实力对比，选择某种模式，这种模式就是商业信用模式。对企业来说，存在应付账款、应付票据和预付账款三种商业信用模式（陈运森和王玉涛，2010）。企业选择不同的商业信用模式，意味着交易成本不同（刘凤委等，2009）。Coase（1937）对交易成本的定义是交易过程中发生的谈判费用、签约费用及利用价格机制所发生的其他成本等。

对买方来说，预付账款由于在收到货物前提前支付货款，相当于将资金使用权提前让渡给卖方，是成本最高的一种商业信用模式。当企业现金短缺时，这种商业信用模式的成本更突出，甚至会导致交易无法顺利进行。其次是应付票据，由于应付票据存在一系列核对签发过程，并增加了银行这个中间环节，流转环节的交易成本明显比应付账款要高；加上付款方还需要支付相关的利息费用，融资成本也比应付账款要高。因此，对企业来说，预付账款和应付票据被普遍认为是交易成本较高的商业信用模式（陈运森和王玉涛，2010），而预收账款和应付账款则是交易成本较低的商业信用模式。既然不同的商业信用模式，其交易成本不同，那么企业实行不同的战略，对商业信用模式的选择有什么影响呢？

企业战略关系着企业的全局和未来，是企业一系列决策的起点和基础（Chandler，1962）。企业采用不同类型的企业战略，相应的企业目标、市场定位、经营模式、组织结构等方面也不同（Miles and Snow，1978，2003），进而对企业的生产经营活动、经营管理等方方面面产生的影响也会有较大的差异，相应的财务和经营决策也不同（Villalonga，2004）；而商业信用作为企业营运资金的重要组成部分，选择何种商业信用模式也必然会受企业战略影响。与防御型企业战略相比，进攻型企业战略由于致力于开发新产品和新市场，需要大量的研发支出，营销费用和管理费用的支出也大大增加，对资金的需求比较大，会尽可能选择融资成本低的商业信用模式。因此，提出本书的假设3：

H3：企业战略越激进，会倾向于选择交易成本更低的商业信用模式。

3.3 研究设计

3.3.1 数据来源和研究样本

本书以沪深 A 股披露了研发支出数据的上市公司为样本，以 2007—2016 年为样本期，全部财务数据来自 CSMAR 数据库。根据证监会发布的《上市公司行业分类索引（2012）》进行行业分类，其中制造业由于包含的企业细类和企业数量较多，采用二级行业代码作为分类标准，其他行业按照一级行业代码作为分类标准。

确定样本区间和行业分类后，按照如下原则对样本做了筛选和进一步处理：（1）剔除了财务数据缺失的上市公司；（2）由于金融类上市公司的规模和经营特征等与其他行业差别较大，按照常规处理，剔除了金融类上市公司；（3）剔除了净资产为负的上市公司；（4）对连续型变量按照 1%和 99%分位数进行缩尾处理。经过筛选，最后样本包括 3 075 家上市公司，9 206 个公司一年度观测值。本章的数据处理和后续实证分析均采用 R 软件完成，为了让实证结果更稳健，模型回归采用面板数据的固定效应模型进行处理。

3.3.2 实证模型

1. 实证模型（3－1）及变量定义

（1）模型（3－1）。为了检验假设 1 和假设 2，本书借鉴 Ge and Qiu（2007）、张新民等（2012）的研究，将实证模型设定为：

$$CREDIT_{i,t}=\alpha_1 STRA_{i,t}+\alpha_2 SIZE_{i,t}+\alpha_3 AGE_{i,t}+\alpha_4 CFO_{i,t}+\alpha_5 ROA_{i,t}+\alpha_6 LIQ_{i,t}+\alpha_7 AR_{i,t}+\alpha_8 BANK_{i,t}+\alpha_i+\lambda_t+\varepsilon_{i,t} \quad (3-1)$$

模型（3-1）为对面板数据进行分析的固定效应模型，i 代表企业个体；t 表示年度；α_i 和 λ_t 分别表示企业的个体效应和年度效应；$\varepsilon_{i,t}$ 为随机扰动项。固定效应模型（3-1）能在一定程度上缓解遗漏变量偏误的问题，既能有效控制无法观察且不随时间变化的个体效应，如企业文化；又能有效控制无法观察且不随个体变化的年度效应，如宏观市场经济因素。

（2）变量定义。

1）被解释变量。CREDIT 是本书的被解释变量，代表企业获取的商业信用。

假设 1 中的 CREDIT，本书参考 Ge and Qiu（2007）、陆正飞和杨德明（2011）、Coulibaly et al.（2013）、饶品贵和姜国华（2013）的研究，分别从以下几个角度来衡量企业获得的商业信用：

①商业信用融资总额 AP＝应付账款＋应付票据＋预收账款，并以当年总资产标准化；

②商业信用融资净额 NCR＝(应付账款＋应付票据＋预收账款)－(应收账款＋应收票据＋预付账款)，并以当年总资产标准化。

假设 2 中的 CREDIT，按照商业信用的获取渠道，分别用从上游供应商处获得的商业信用和从下游客户（或销售商）处获得的商业信用来衡量。

①从上游供应商处获得的商业信用 APN＝应付账款＋应付票据，并以当年总资产标准化；

②从下游客户（或销售商）处获得的商业信用 UR，即预收账款，并以当年总资产标准化。

假设 3 中的 CREDIT，按照商业信用的三种模式分别衡量：

①应付账款 ap，并以当年总资产标准化；

②应付票据 pn，并以当年总资产标准化；

③预收账款 ur，并以当年总资产标准化。

2）解释变量。模型（3－1）中的主要解释变量为企业战略。本书参照 Bentley et al.（2013）、孙健等（2016）的研究，从 6 个维度来构造企业战略，见表 3－1。

表 3－1　企业战略的度量指标对比

维度	指标	对比		备注
		进攻型	防御型	
1	研发支出占销售收入的比重	高	低	衡量企业在研发方面的投入
2	员工人数除以销售收入	高	低	衡量企业每位员工平均所创造的销售收入
3	销售收入的增长率	高	低	衡量公司的成长性
4	销售费用和管理费用占销售收入的比重	高	低	衡量公司在新产品和新市场上开拓、营销的力度
5	员工人数的波动程度	高	低	衡量企业组织结构的稳定性
6	固定资产占总资产的比重	低	高	衡量企业的资本密集度

①研发支出占销售收入的比重，用来衡量企业在研发方面的投入。

实施进攻型战略的企业专注于开发新产品，在研发方面的支出会比较多。而实施防御型战略的企业为了降低成本，会尽可能降低研发支出，专注于提高效率。

②员工人数除以销售收入，用来衡量企业每位员工平均所创造的销售收入。

实施防御型战略的企业专注于已有的产品和市场，以更低的成本提供性能和质量相同的产品，以低成本和高效率取胜。而实施进攻型战略的企业为了开拓不同的市场，进行不同的研发，需要储备不同的专业人才来满足其需要，因此实施进攻型战略的企业的员工人数与销售收入的比值比实施防御型战略的企业要高。

③销售收入的增长率，用来衡量公司的成长性。

防御型企业战略往往固守单一的产品和市场，而进攻型企业战略则致力于不断开发新产品和新市场，增长迅速，因而实施进攻型战略的企业往往比实施防御型战略的企业有更高的销售收入增长率，成长性也更强。

④销售费用和管理费用占销售收入的比重，用来衡量公司在新产品和新市场上开拓、营销的力度。

进攻型企业战略为了开拓新产品和新市场，通常拥有大量的分支机构，高度分散，需要投入更多的营销费用和管理费用。而实施防御型战略的企业为了提高效率、降低成本，往往会尽可能减少营销支出，由于组织结构稳定，有高效且集中化的管理控制系统，管理费用支出也比较少。

⑤员工人数的波动程度，用来衡量企业组织结构的稳定性。

防御型企业战略有高效且集中化的管理控制系统，组织结构往往比较稳定。而进攻型企业战略通常员工聘期更短、员工更替更频繁。

⑥固定资产占总资产的比重，用来衡量企业的资本密集度。

实施防御型战略的企业为降低成本，通常会更多地投资于固定资产，有较高的资本密度（Hamrick，1983）。而实施进攻型战略的企业为了进行创新和研发，则在人力资源方面投入更多，表现为较高的人力资本。

本书参照 Bentley et al. （2013） 的方法，对上述 6 个指标取过去 5 年的平均值，在每一个“年度－行业”样本中，将前 5 个指标的平均值按照由小到大的顺序平均分为 10 个组，最小组赋值为 1，最大组赋值为 10；得分越大，表示该指标所处的组平均分越高，企业战略的激进程度越高。第 6 个指标从小到大平均分为 10 个组后，赋值恰好与前面 5 个指标相反，最小组赋值为 10，最大组赋值为 1；得分越大，表示固定资产占总资产的比重越小，企业在固定资产方面的投入越少，在人力资本方面的投入更多，企业战略更激进。然后将上述 6 个变量得分加总，得到取值范围为 6～60 的企业战略得分，并取对数。值越高，说明企业战略越激进；值越低，说明企业战略越保守。

按照假设 1，企业战略得分越高，企业战略越激进，获得的商业信用也越多，所以本书预期企业战略（STRA）的系数为正。

3）控制变量。控制变量参考陆正飞和杨德明（2011）、张新民等（2012）等的研究，主要包括公司规模（SIZE）、企业年龄（AGE）、经营现金流量（CFO）、盈利能力（ROA）、资产流动性（LIQ）、应收账款（AR）、银行借款（BANK）等。

公司规模（SIZE）为企业总资产的自然对数。企业年龄（AGE）为企业成立年数的自然对数。经营现金流量（CFO）为经营活动所产生的现金流量净额占总资产的比重。资产流动性（LIQ）为流动资产与总资产的比值。盈利能力（ROA）为净利润与总资产的比值。应收账款（AR）为应收账款以当年总资产标准化。银行借款（BANK）为短期借款与长期借款之和，占总资产的比重。按照以往的研究，企业规模越大，盈利能力越强，在供应链中的话语权也越大，获得的商业信用也越多。企业成立的时间越长，与上下游的交易越多，双方的了解也越多，信息透明度越高，越容易获得商业信用。企业的经营现金流量越充足，获得的银行借款越多，对商业信用的需求越少。企业提供的商业信用越多，相应的对商业信用的需求也越大。

上述主要变量的符号与定义见表 3 - 2。

表 3-2　变量的符号与定义

变量类型	变量名称	符号	变量定义
被解释变量（CREDIT）	商业信用总额（来自上下游）	AP	应付账款、应付票据和预收账款之和，以当年总资产标准化
	商业信用净额	NCR	应付账款＋应付票据＋预收账款－应收账款－应收票据－预付账款，以当年总资产标准化
	来自上游供应商的商业信用	UR	预收账款，以当年总资产标准化
	来自下游客户的商业信用	UR	预收账款，以当年总资产标准化
	商业信用模式 1	ap	应付账款，以当年总资产标准化
	商业信用模式 2	pn	应付票据，以当年总资产标准化
	商业信用模式 3	ur	预收账款，以当年总资产标准化
解释变量	企业战略	STRA	对企业战略的度量，取值范围为 6～60，数值越大，表示企业战略越激进
控制变量	企业规模	SIZE	企业总资产的自然对数
	企业年龄	AGE	企业成立年数的自然对数
	经营活动现金流量净额	CFO	企业经营活动所产生的现金流量净额占总资产的比例
	企业的盈利能力	ROA	净利润与总资产的比值
	企业资产流动性	LIQ	流动资产与总资产的比值
	应收账款	AR	应收账款，以当年总资产标准化
	银行借款	BANK	短期借款与长期借款之和，占总资产的比重

2. 实证模型（3-2）及变量定义

（1）模型（3-2）。为了检验假设 3，本书借鉴刘凤委等（2009）、陈运森和王玉涛（2010）的研究，另外设定实证模型（3-2）为：

$$CREDITMODE_{i,t}=\alpha_1 STRA_{i,t}+\alpha_2 SIZE_{i,t}+\alpha_3 LEV+\alpha_4 FINANCE_{i,t}+\alpha_5 ROA_{i,t}+\alpha_6 TOP1_{i,t}+\alpha_7 INDEX+\alpha_i+\lambda_t+\varepsilon_{i,t} \tag{3-2}$$

（2）变量定义。

1）被解释变量。参考刘凤委等（2009）、陈运森和王玉涛（2010）的研究，被解释变量 $CREDITMODE_{i,t}$ 定义为预收账款占商业信用总额的比，其中，商业信用总额为预收账款、应付账款和应付票据之和，用来衡量商业信用模式中使用成本最低的预收账款方式在整个商业信用中所占的比重。

2）解释变量。解释变量企业战略（STRA）同模型（3-1）。

3）控制变量。参考刘凤委等（2009）、陈运森和王玉涛（2010）、余明桂和潘红波（2010）的研究，分别选取了以下几类控制变量。

1）反映企业特征的控制变量，如企业规模（SIZE）、资本结构（LEV）、盈利能力（ROA）、现金充足率（FINANCE）、第一大股东持股比例（TOP1）等。企业规模不同，获取商业信用的能力也不同；企业的资本结构反映了企业的风险程度，资产负债率越高，企业违约风险越高，交易对方相应会要求比较保险的支付方式；企业持有的现金水平也会影响企业选择支付的方式。

2）反映企业所处市场环境的控制变量，如地区市场化水平（MARKET）、金融市场发展水平（FINANCE）等。地区市场化水平反映了企业间商品交易的活跃程度，企业间的商品交易越活跃，会提高企业间的信任程度，进而对商业信用模式产生影响。地区金融市场发展水平不同，商业票据使用的程度会不同；金融市场化水平较高的地区，商业票据的使用比例较高。

3）行业和年度控制变量。不同行业的竞争程度不同，在商业信用模式的选择上也存在较大的差异，因此本书分别用行业做控制变量来控制行业因素的影响，用年度做控制变量来控制宏观经济的影响。

上述主要变量的符号与定义见表 3-3。

表 3-3　变量的符号与定义

变量类型	变量名称	符号	变量定义
被解释变量	商业信用的使用模式	CREDITMODE	预收账款/(应付账款+应付票据+预收账款)，反映商业信用模式中使用成本最低的预收账款方式在整个商业信用中所占的比重。
解释变量	企业战略	STRA	对企业战略的度量，取值范围为6～60，数值越大，表示企业战略越激进
控制变量	企业规模	SIZE	企业总资产取对数
	企业的资产负债率	LEV	总负债与总资产的比值
	企业的盈利能力	ROA	净利润与总资产的比值
	现金充足率	FINANCE	现金充足率＝经营活动现金净流量/(购建固定资产、无形资产和其他长期资产的现金支出＋分配股利和偿付利息的现金支出)
	第一大股东持股比例	TOP1	第一大股东持股比例
	地区金融市场发展水平	INDEX	樊纲指数，用来控制地区金融市场发展水平的影响
	行业	IND	行业哑变量
	年度	YEAR	年度哑变量

3.4　实证检验结果与分析

3.4.1　描述性统计

1. 商业信用的分析

(1) 商业信用与银行借款的对比。图 3-1 直观地列示了我国沪深 A 股上市公司 2007—2016 年期间，商业信用[①]（非正规的融资渠

① 商业信用＝(应付账款＋应付票据＋预收账款)÷总资产

道）和银行借款[①]（正规的融资渠道）占企业总资产的比重的对比和变化。长期以来，我国金融体系以银行为主导，企业主要的融资渠道表现为以银行信贷为主的间接融资。而从图 3－1 可以看出，2010 年之前，银行借款的使用规模比商业信用高，但从 2010 年开始，商业信用的使用规模反超银行借款，这充分说明了商业信用这一非正规的融资方式在我国上市公司债务融资中的重要地位。

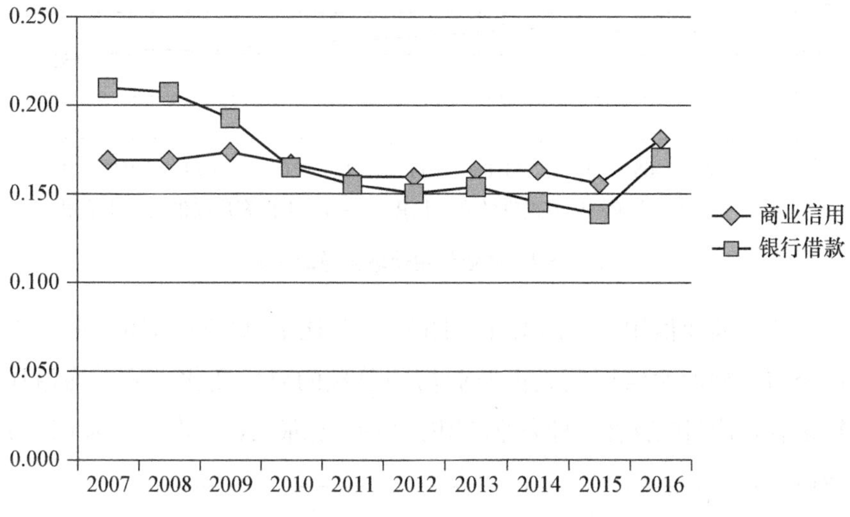

图 3－1　商业信用与银行借款分别占总资产的比重

（2）商业信用获取渠道的对比。对 2007—2016 年我国上市公司获取的商业信用进行统计发现，从上游供应商处获取的商业信用占全部商业信用总额的 76.6%，而从下游客户处获取的商业信用占全部商业信用总额的 23.4%。图 3－2 对比了 2007—2016 年我国上市公司分别从上游供应商和下游客户处获取的商业信用占比。从图 3－2 可以看出，从上游供应商处获取的商业信用不仅占了商业信用总额的绝大部分，而且逐年增加；而从下游客户处获取的商业

① 银行借款＝(短期银行借款＋长期银行借款)÷总资产

信用则有下降趋势，降到了20%以下。

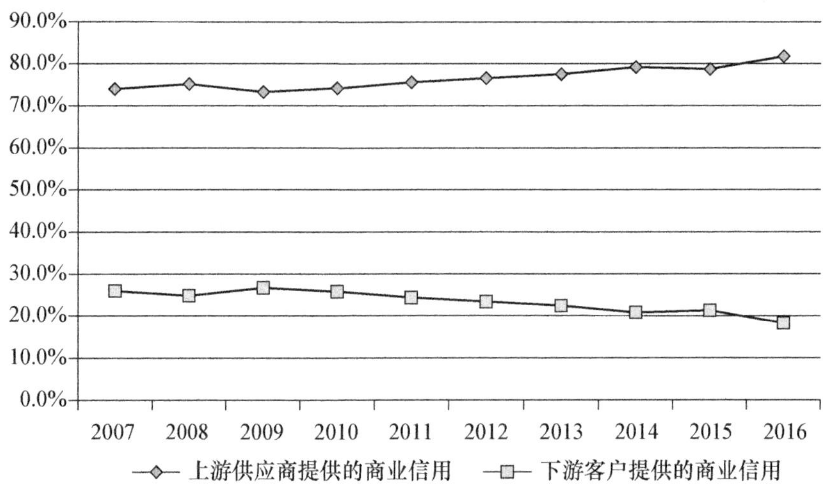

图 3-2 商业信用获取渠道的对比

（3）商业信用模式的对比。图 3-3 对比了 2007—2016 年我国上市公司三种商业信用模式占商业信用总额的对比变化。从平均值比较来看，应付账款在三种商业信用模式中占比最大，平均占比为61%；

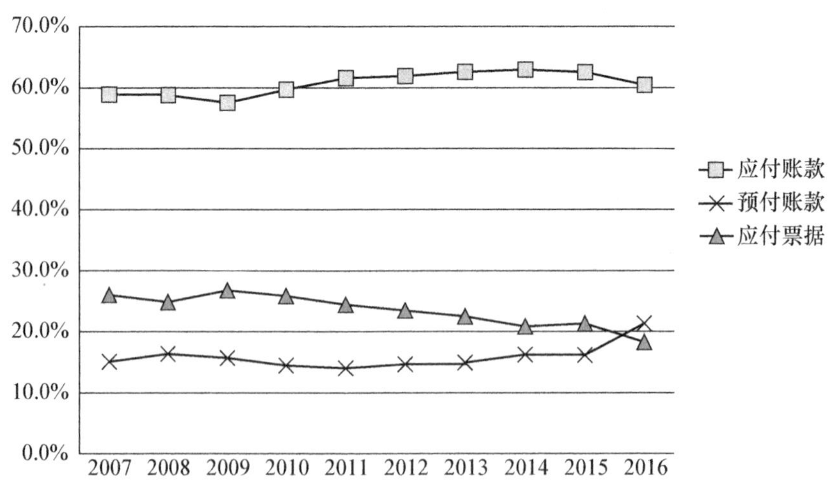

图 3-3 商业信用模式的对比

其次是预收账款，占比23%；应付票据占比最少，为16%。但从年度变化来看，应付票据的比重在上升，而预收账款的比重在下降。应付票据的比重上升，与我国金融市场的发展有关。

2. 企业战略的分析

(1) 企业战略得分。图3-4是由6个变量计算出来的企业战略得分的分布图。虽然本书的样本年度为2007—2016年，但因企业战略的得分是将6个变量取过去5年的平均值来计算的，而计算企业战略得分中的研发支出数据从2007年才开始披露，所以实际计算得到的企业战略的数据是2011—2016年。企业战略指标均值为31.87，标准差为7.76，说明企业之间战略差异较大。这与孙健等(2016)的研究结果相似。

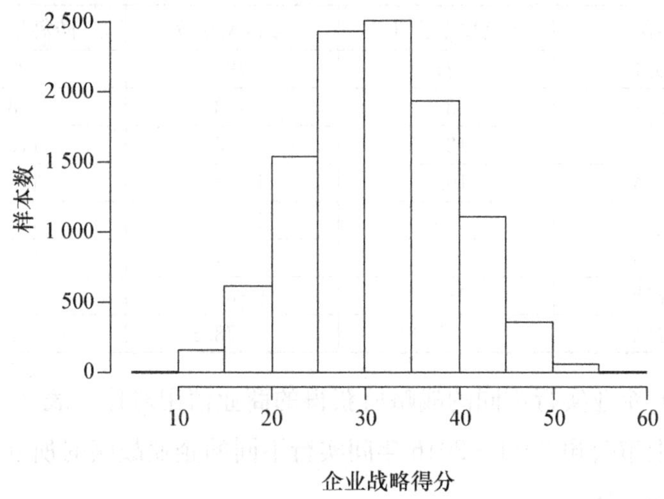

图3-4 企业战略得分分布图

按照Bentley et al. (2013) 的划分标准，企业战略得分在6～20之间的为防御型企业战略；得分在45～60之间的，为进攻型企业战略；得分在21～44之间的为分析型企业战略。由图3-4可以看出，我国大部分上市公司实行的是分析型企业战略，其次是防御型企业战略，实施进攻型企业战略的公司最少。

表 3-4 列示了我国上市公司 2011—2016 年间，分别实施三种类型企业战略的样本分布。从表 3-4 可以看出，实施分析型企业战略的上市公司最多，总共有 9 361 家，占全部上市公司的比例为 87.2%；实施防御型企业战略的上市公司家数次之，总共有 791 家，占全部上市公司的比例为 7.4%；实施进攻型企业战略的上市公司最少，总共有 583 家，占全部上市公司的比例为 5.4%。从年度分布来看，2011—2012 年度实施进攻型企业战略的上市公司较少；从 2013 年开始，实施进攻型企业战略的上市公司逐渐增加，与实施防御型企业战略的上市公司数量逐步接近。

表 3-4　企业战略类型的年度样本分布

年份	进攻型企业	分析型企业	防御型企业
2011	21	734	82
2012	86	1 483	118
2013	127	1 626	110
2014	109	1 705	119
2015	123	1 799	177
2016	117	2014	185
合计	583	9 361	791
占比	5.4%	78.2%	7.4%

（2）企业实行不同的战略所获得的商业信用对比。表 3-5 列示了我国上市公司 2011—2016 年间实行不同的企业战略时所获得的商业信用的对比。

表 3-5　实施不同战略的企业所获取的商业信用的比较

应付账款（ap）	0.075	0.095	0.095
上游获得的商业信用（ap+pn）	0.101	0.131	0.142
下游获得的商业信用（ur）	0.026	0.032	0.029
商业信用总额（AP=ap+pn+ur）	0.127	0.165	0.172
商业信用净额（NCR）	−0.076	−0.042	−0.037

3. 相关变量的的描述性统计

表 3 - 6 是模型（3 - 1）中相关变量的描述性统计。从表中各个变量的分布可知，被解释变量商业信用总额占总资产比重（AP）的均值为 16.1%，中位数为 13.3%，这和刘欢等（2015）的结果类似。但不同公司间存在较明显的差异，获得商业信用比例最小的公司其商业信用仅为总资产的 0.2%，而获得商业信用比例最大的公司其值则高达 60.6%。无论是均值还是中位数，作为企业融资的两种主要方式，非正规融资渠道——商业信用在企业总资产中所占的比重都超过了正规的融资渠道——银行借款，这进一步说明了商业信用在企业发展过程中的重要程度。其余几个被解释变量中，预收账款（UR）的均值为 3.9%，中位数为 1.4%；商业信用净额（NCR）的均值为 −4.4%，中位数为 −4.3%。银行借款占总资产比重（BANK）的均值为 14.1%，中位数为 11.3%。应收账款占企业总资产的比重（AR）的均值为 20.5%，中位数为 16.3%，与应付账款等占总资产的比重（AP）的均值 16.1%，中位数 13.3%相比，说明我国上市公司整体上提供的商业信用比获得的商业信用要多。

解释变量企业战略（STRA）的均值为 31.87，标准差为 7.76，说明企业之间战略差异较大，这与孙健等（2016）的研究结果相似。另外，样本公司规模（SIZE）、经营现金流量（CFO）、盈利能力（ROA）、资产流动性（LIQ）等指标的均值分别为 21.988，0.04，0.037，0.578，且各指标间存在较大差异。

表 3 - 6　主要变量的描述性统计特征

变量名	观测数	平均值	标准差	最小值	中位数	最大值
AP	9 206	0.161	0.114	0.002	0.133	0.606
UR	9 206	0.039	0.062	0	0.014	0.398
NCR	9206	−0.044	0.132	−0.436	−0.043	0.453

续表

变量名	观测数	平均值	标准差	最小值	中位数	最大值
STRA	9 206	31.866	7.763	9	32	57
SIZE	9 206	21.988	1.251	18.343	21.779	26.094
AGE	9206	2.663	0.400	0.693	2.708	3.611
CFO	9 206	0.040	0.070	−0.287	0.039	0.326
ROA	9 206	0.037	0.058	−0.590	0.035	0.287
LIQ	9 206	0.578	0.188	0.058	0.591	0.986
AR	9 206	0.205	0.186	0.002	0.163	0.640
BANK	9 206	0.141	0.133	0	0.113	0.629

注：描述性统计基于缩尾后的数据。

表 3－7 是模型（3－2）中相关变量的描述性统计。从表中各个变量的分布可知，被解释变量商业信用模式（CREDITMODE），即商业信用模式中使用成本最低的预收账款方式在整个商业信用中所占的比重，均值为 21.8%，中位数为 13.5%，但不同公司间存在较明显差异，商业信用模式中使用成本最低的预收账款方式在整个商业信用中所占的比重最小的公司为 0，最大的为 95.8%。

表 3－7　主要变量的描述性统计特征

变量名	观测数	平均值	标准差	最小值	中位数	最大值
CREDITMODE	14 568	0.218	0.223	0	0.135	0.958
STRA	10 735	31.850	7.782	9	32	57
SIZE	15 504	21.965	1.304	18.343	21.800	26.094
LEV	15 504	0.427	0.218	0.032	0.416	0.942
ROA	15 503	0.039	0.06	−0.590	0.036	0.287
FINANCE	15 482	0.546	3.859	−29.306	0.543	27.771
TOP1	15 502	0.355	0.154	0.072	0.335	0.806
INDEX	9 238	8.428	4.587	−0.690	7.540	16.190

注：描述性统计基于缩尾后的数据。

解释变量企业战略（STRA）的均值为31.87，标准差为7.76，说明企业之间战略差异较大，这与孙健等（2016）的研究结果相似。另外，样本公司规模（SIZE）、资产负债率（LEV）、盈利能力（ROA）、现金充足率（FINANCE）、第一大股东持股比例（TOP1）、地区金融市场发展水平（INDEX）等指标的均值分别为21.965，0.427，0.039，0.546，0.355，8.428，且各指标间存在较大差异。

3.4.2 相关性分析

表3-8是模型（3-1）中主要变量的相关系数矩阵，从表3-8的结果来看，企业战略（STRA）与商业信用（AP）之间的相关系数为−0.092。银行借款（BANK）和商业信用（AP）之间的相关系数为−0.028，说明银行借款和商业信用之间存在替代关系。企业规模（SIZE）、企业年龄（AGE）、资产流动性（LIQ），应收账款（AR）与商业信用之间的相关系数为正。盈利能力（ROA）、经营现金流量（CFO）与商业信用之间的相关系数为负。其他控制变量之间相关性均较低。

表3-9是模型（3-2）中主要变量的相关系数矩阵，从表3-9的结果来看，企业战略（STRA）与商业信用模式（CREDITMODE）之间的相关系数为0.047，这初步说明企业战略越激进，越倾向于选择使用成本最低的预收账款作为商业信用的使用模式。企业规模（SIZE）、资产负债率（LEV）、盈利能力（ROA）、经营现金充足率（FINANCE）、第一大股东持股比例（TOP1）与商业信用模式（CREDITMODE）之间的相关系数为正，地区金融市场发展水平（INDEX）与商业信用模式（CREDITMODE）之间的相关系数为负。其他控制变量之间相关性均较低。

表 3-8　主要变量的 Pearson 相关系数矩阵

	AP	STRA	SIZE	AGE	CFO	ROA	LIQ	AR	BANK
AP	1								
STRA	−0.092	1							
SIZE	0.250	−0.058	1						
AGE	0.069	−0.096	0.149	1					
CFO	−0.039	−0.024	0.058	0.009	1				
ROA	−0.100	0.130	−0.05	−0.115	0.333	1			
LIQ	0.329	0.077	−0.181	−0.153	−0.190	0.163	1		
AR	0.331	0.013	−0.168	−0.150	−0.206	0.027	0.427	1	
BANK	−0.028	−0.153	0.344	0.168	−0.153	−0.346	−0.290	−0.104	1

表 3-9　主要变量的 Pearson 相关系数矩阵

	CREDITMODE	STRA	SIZE	LEV	ROA	FINANCE	TOP1	INDEX
CREDITMODE	1							
STRA	0.047	1						
SIZE	0.078	−0.058	1					
LEV	0.077	−0.162	0.309	1				
ROA	0.065	0.135	−0.04	−0.357	1			
FINANCE	0.021	−0.024	0.011	−0.080	0.125	1		
TOP1	0.043	−0.070	0.198	0.060	0.103	0.052	1	
INDEX	−0.011	−0.022	0.023	−0.141	0.086	0.042	0.062	1

3.4.3　主要变量非参数检验

1. 企业战略与商业信用

表 3-10 为模型（3-1）中主要变量的非参数检验。其中，AP 为企业获得的商业信用总额占企业总资产的比重，NCR 为企业获得的商业信用净额占企业总资产的比重。从表 3-10 的 T 检验结果可以看出，进攻型和防御型企业之间获取的商业信用总额和商业信用净额有显著差异。

表 3-10　企业战略与商业信用之间的非参数检验

	进攻型	分析型	防御型	进攻—防御 t 值	
AP	0.127	0.164	0.172	−8.426	***
NCR	−0.076	−0.042	−0.037	5.550	***

2. 企业战略与商业信用获取渠道

表 3-11 为企业战略与商业信用获取渠道之间的非参数检验。其中，APN 表示从上游供应商处获得的商业信用总额占企业总资产的比重；UR 表示从下游客户处获得的商业信用总额占企业总资产

的比重。从表 3－11 的 T 检验结果可以看出，进攻型和防御型企业之间从上游获取的商业信用总额有显著差异，而从下游获取的商业信用总额差异不显著。

表 3－11　企业战略与商业信用获取渠道之间的非参数检验

	进攻型	分析型	防御型	进攻－防御 t 值	
APN	0.101	0.131	0.142	−8.763	***
UR	0.025	0.032	0.029	−1.574	

3. 企业战略与商业信用模式

表 3－12 为企业战略与商业信用模式之间主要变量的非参数检验。从表 3－12 可以看出，进攻型与防御型企业在商业信用使用模式上存在显著差异。具体来说，在交易成本较低的商业信用模式上，无论是交易成本较低的应付账款 ap，还是提前预收货款的 ur，进攻型企业都明显高于防御型企业。而在交易成本相对较高的商业信用模式应付票据 pn 上，防御型企业明显高于进攻型企业。

表 3－12　企业战略与商业信用模式之间的非参数检验

	进攻型	分析型	防御型	进攻－防御 t 值	
ap	0.646	0.634	0.604	3.440	***
ur	0.203	0.188	0.170	3.072	***
pn	0.149	0.177	0.224	−6.895	***

3.4.4　实证结果分析

1. 实证模型（3－1）

本书对假设 1 至假设 3 采用基于面板数据的固定效应模型进行检验，分析企业战略对商业信用的影响，结果见表 3－13 至表 3－15。

（1）假设 1：企业战略与商业信用。

从表 3－13 的结果来看，MODEL1 以企业获得的商业信用总额

AP 为因变量，企业战略 STRA 的系数 0.014 在 1%水平上显著为正，这说明企业战略越激进，从上下游获得的商业信用总额越多。

表 3－13　企业战略与商业信用融资

	MODEL1 AP	MODEL2 NCR
STRA	0.014*** (2.997)	0.015*** (3.299)
SIZE	0.022*** (13.219)	0.021*** (12.330)
AGE	0.004 (0.409)	0.004 (0.489)
CFO	0.149*** (16.071)	0.149*** (16.188)
ROA	−0.132*** (−10.946)	−0.130*** (−10.744)
LIQ	0.019*** (2.936)	0.017*** (2.703)
AR	0.252*** (24.330)	−0.739*** (−71.870)
BANK	−0.039*** (−4.674)	−0.039*** (−4.724)
年度效应	控制	控制
公司固定效应	控制	控制
R^2	0.121	0.494
F 值	120.148***	855.263***
观测值	9 206	9 206

注：***，**，* 分别表示在 1%，5%，10%水平上显著；括号中的数字是经 White 调整计算的 t 值。后同。

MODEL2 以企业从上下游获得的商业信用总额，扣除企业以应收账款、应收票据和预付账款等给上下游提供的商业信用后的净额（NCR）为因变量。检验结果发现企业战略 STRA 的系数 0.015%在 1%水平上显著为正，这说明企业战略越激进，扣除提供的商业信用后的商业信用净额也越多，从而论证了假设 1。

其他控制变量中，公司规模（SIZE）、经营现金流量（CFO）、资产流动性（LIQ）、应收账款（AR）的回归系数均显著为正，这说明企业规模越大、企业经营现金流量越多、资产流动性越高、应收账款越多，企业获得的商业信用总额越多；银行借款（BANK）的系数−0.039在1%水平上显著为负，说明银行借款与商业信用之间存在替代关系，这与余明桂和潘红波（2008）、王彦超和林斌（2008）、石晓军和李杰（2009）的研究结果一致。企业的盈利能力（ROA）、银行借款（BANK）的回归系数显著为负，说明企业盈利能力越强、获得的银行借款越多，企业融资需求相对减少，获得的商业信用总额也减少。控制变量中的企业年龄（AGE）与商业信用的回归系数不显著。

（2）假设2：企业战略与商业信用获取渠道。

从表3-14的结果来看，MODEL3以企业从上游获得的商业信用APN为因变量，企业战略STRA的系数0.012在1%水平上显著为正，这说明企业战略越激进，从上游获得的商业信用越多。

MODEL4以企业从下游客户处获得的商业信用UR（预收账款）为因变量，检验结果发现企业战略STRA的系数0.009在1%水平上显著为正，这说明企业战略越激进，从下游获得的商业信用越多。表3-14的结果显示，从商业信用的获取渠道来看，无论是供应链上游的供应商，还是下游的客户，进攻型企业所获取的商业信用都显著高于防御型企业，从而论证了假设2。

表3-14　企业战略与商业信用获取渠道

	MODEL3 APN	MODEL4 UR
STRA	0.012*** (2.633)	0.009*** (4.059)
SIZE	0.010*** (6.455)	0.004*** (4.616)

续表

	MODEL3 APN	MODEL4 UR
AGE	0.005 (0.448)	0.002 (0.398)
CFO	0.058*** (6.549)	0.060*** (13.505)
ROA	−0.078*** (−6.724)	−0.021*** (−3.624)
LIQ	0.048*** (7.942)	0.019*** (6.067)
AR	0.070*** (7.44)	0.013*** (2.725)
BANK	−0.018*** (−2.374)	0.004 (−0.995)
年度效应	控制	控制
公司固定效应	控制	控制
R^2	0.033	0.036
F 值	30.090***	32.922***
观测值	9 265	9 793

（3）假设 3：企业战略与商业信用模式。

从表 3-15 的结果来看，MODEL5 以交易成本较低的商业信用模式——应付账款 ap 为因变量，企业战略 STRA 的系数 0.009 在 1%水平上显著为正，这说明企业战略越激进，以交易成本较低的商业信用模式——应付账款 ap 所获得的商业信用越多。

MODEL6 以交易成本较高的商业信用模式——应付票据 pn 为因变量，检验结果发现企业战略 STRA 的系数为 0.004，但不显著。

MODEL7 以交易成本最低的商业信用模式——预收账款 ur 为因变量，检验结果发现企业战略 STRA 的系数 0.009 在 1%水平上显著为正，这说明企业战略越激进，以交易成本最低的商业信用模式——预收账款 ur 所获得的商业信用越多。

综上所述，企业战略越激进，以交易成本较低的商业信用模式

（如应付账款、预收账款）所获得的商业信用越多，从而论证了假设 3。

表 3-15 企业战略与商业信用模式（基于模型（3-1））

	MODEL5 ap	MODEL6 pn	MODEL7 ur
STRA	0.009*** (3.033)	0.004 (1.196)	0.009*** (4.059)
SIZE	0.004*** (3.548)	0.004*** (3.787)	0.004*** (4.616)
AGE	0.010 (1.319)	−0.006 (0.944)	0.002 (0.398)
CFO	0.011* (1.731)	0.045*** (7.558)	0.060*** (13.505)
ROA	−0.037*** (−4.475)	−0.048*** (−6.264)	−0.021*** (−3.624)
LIQ	0.016*** (6.067)	0.027*** (6.757)	0.019*** (6.067)
AR	0.013*** (3.744)	0.012** (1.970)	0.013*** (2.725)
BANK	−0.013** (−2.426)	−0.007*** (−1.396)	0.004 (−0.995)
年度效应	控制	控制	控制
公司固定效应	控制	控制	控制
R^2	0.019	0.019	0.036
F 值	17.838***	16.813***	32.922***
观测值	9 802	9 265	9 793

2. 实证模型 3-2

本书对实证模型（3-2）采用基于面板数据的固定效应模型进行检验，分析企业战略对商业信用使用模式的影响，结果见表 3-16。

从表 3-16 的结果来看，当以预收账款占商业信用的比重为因变量时，企业战略 STRA 的系数 0.004 在 1%水平上显著为正，这说明企业战略越激进，所获取的商业信用中成本最低的商业信用模式占比更高，从另一个模型论证了假设 3。

其他控制变量中，现金充足率（FINANCE）、地区金融市场发展水平（INDEX）越高，所获取的商业信用中成本最低的商业信用模式占比更高；企业规模（SIZE）越大，所获取的商业信用中成本最低的商业信用模式占比更低。控制变量中，盈利能力（ROA）、资产负债率（LEV）、第一大股东持股比例（TOP1）与商业信用模式（CREDITMODE）之间的回归系数不显著。

表 3-16　企业战略与商业信用模型（基于模型（3-2））

	CREDITMODE（UR/AP）
STRA	0.004*** (2.875)
SIZE	−0.036*** (−5.967)
FINANCE	0.002*** (3.313)
ROA	−0.051 (−1.507)
LEV	0.012 (0.611)
TOP1	−0.014 (−0.403)
INDEX	0.003** (2.47)
年度效应	控制
公司固定效应	控制
R^2	0.014
F 值	8.659***
观测值	5 909

3.4.5　稳健性测试

1. 企业战略的度量

企业战略是本书最重要的自变量，为了保证结果的稳健性，本书参考孙健等（2016）的做法，设计了一个哑变量 STRA1 来代替模型（3-1）中的 STRA（连续值），将进攻型企业和防御型企业作为比较对象，分析实行进攻型和防御型战略的企业在获取商业信用方面的差异。参考 Bentley et al.（2013）的划分标准，STRA 得分在 45 分以上的，STRA1=1，代表进攻型企业；STRA 得分在 20 分以下的，STRA1=0，代表防御型企业。回归结果见表 3-17，由表 3-17 的结果可知，MODEL1 中企业战略 STRA1 的系数 0.006 在 1%的水平上显著为正；MODEL2 中企业战略 STRA1 的系数 0.007 在 1%的水平上显著为正。这表明，改变企业战略的度量方式后，与防御型企业相比，进攻型企业无论是获取的商业信用总额还是商业信用净额都更多，结论依然成立。

表 3-17　稳健性检验：企业战略的替代变量

	MODEL1 AP	MODEL2 NCR
STRA1	0.006*** (3.714)	0.007*** (3.929)
SIZE	0.023*** (13.837)	0.021*** (12.976)
AGE	0.004 (0.483)	0.005 (0.565)
CFO	0.148*** (16.034)	0.148*** (16.149)
ROA	−0.131*** (−10.83)	−0.127*** (−10.611)
LIQ	0.019*** (2.938)	0.017*** (2.702)
AR	0.253*** (24.443)	−0.738*** (−71.823)
BANK	−0.038*** (−4.623)	−0.038*** (−4.664)
年度效应	控制	控制
公司固定效应	控制	控制
R^2	0.121	0.494
F 值	120.832***	856.387***
观测值	9 206	9 206

2. 内生性问题

本书的主模型采用的是基于面板数据的固定效应模型，能在一定程度上缓解遗漏变量偏误问题。为了进一步控制内生性问题，本书参考张杰等（2013）的方法，将所有控制变量均滞后一阶，检验结果见表 3－18。MODEL1 中以商业信用总额为因变量时，企业战略的系数为 0.028，在 1%水平上显著为正。MODEL2 以商业信用净额为因变量时，企业战略的系数为 0.018，在 1%水平上显著为正。结论依然成立。

表 3－18　稳健性检验：企业战略和控制变量滞后一阶

	MODEL1 AP	MODEL2 NCR
STRA	0.028*** (5.527)	0.018*** (2.666)
Lag (SIZE)	0.010*** (5.222)	0.012*** (4.565)
Lag (AGE)	0.002 (0.245)	−0.002 (−0.160)
Lag (CFO)	0.068*** (6.955)	0.059*** (4.706)
Lag (ROA)	−0.108*** (−7.767)	−0.093*** (−5.145)
Lag (LIQ)	0.010 (1.445)	−0.016* (−1.752)
Lag (AR)	0.114*** (10.350)	−0.197*** (−13.531)
Lag (BANK)	−0.020** (−2.220)	0.028** (2.336)
年度效应	控制	控制
公司固定效应	控制	控制
R^2	0.030	0.052
F 值	27.077***	44.902***
观测值	9 260	8 735

3.5 进一步研究：中介效应检验

3.5.1 理论分析

企业战略是影响投融资决策的一项重要因素（王化成等，2016），而商业信用作为企业重要的短期资金来源，融资性需求又是商业信用总需求中的重要组成部分（刘民权，2004）。基于此，本书进一步分析企业战略影响商业信用的内在机理。如前所述，企业战略不同，企业的目标、市场定位、盈利模式、经营特点等就会不同，相应的财务和经营决策也不同，而商业信用作为经营决策中的重要组成部分也会不一样。

进攻型企业致力于开发新产品和新市场，无论是前端的研发环节，还是后端的营销推广阶段，都需要大量支出，对资金的需求更强（Miles and Snow，1978）；而防御型企业则专注于已有的产品和市场，产品类型比较单一，为了降低成本，提高效率，以较低的产品价格参与竞争，防御型企业会尽可能降低研发支出，营销推广方面的支出也会大大降低，对资金的需求比进攻型企业小很多。此外，实施进攻型战略的企业，其现金流水平通常也比实施防御型战略的企业更低，更容易陷入财务困境，融资需求通常更高（Hambrick，1983）。孙健等（2016）利用我国上市公司的数据进行研究也发现，与防御型战略相比，采用进攻型战略的企业的现金充足率较低，融资需求较高。因此，从商业信用融资需求的角度来看，进攻型企业显然比防御型企业对商业信用的融资需求更高。

基于上述分析，本书认为融资需求是企业战略和融资需求之间的中介变量，即企业战略通过融资需求影响商业信用。

3.5.2　实证模型

为了分析企业战略通过融资需求这个中介变量影响商业信用，本书参考孙健等（2016）的研究，设计了模型（3－3）和模型（3－4）来检验企业战略、融资需求和商业信用之间的关系。

$$\begin{aligned} FINANCE_{i,t} = &\beta_0 + \beta_1 STRA_{i,t} + \beta_2 SIZE_{i,t-1} + \beta_3 LEV_{i,t-1} \\ &+ \beta_4 BM_{i,t-1} + \beta_5 ROA_{i,t-1} + \beta_6 TOP1_{i,t-1} \\ &+ \beta_7 SOE_{i,t-1} + INDUSTY + YEAR + \varepsilon_{i,t} \end{aligned} \quad (3-3)$$

$$\begin{aligned} CREDIT_{i,t} = &\delta_0 + \delta_1 FINIANCE_{i,t-1} \\ &+ \mathrm{CONTROLVARIABLES} + \varepsilon_{i,t} \end{aligned} \quad (3-4)$$

模型（3－3）讨论了不同的企业战略对融资需求的影响，参考孙健等（2016）、石晓军和李杰（2009）的做法，融资需求（$\mathrm{FINANCE}_{i,t}$）用现金充足率度量，同时控制与融资有关的因素，如企业规模（SIZE）、资产负债率（LEV）、账面市值比（BM）、盈利能力（ROA）、大股东持股比率（TOP1）、企业性质（SOE）等。上述主要变量的符号与定义见表 3－19。

表 3－19　变量的符号与定义

变量类型	变量名称	符号	变量定义
被解释变量	融资需求	FINANCE	现金充足率＝经营活动现金净流量/(购建固定资产、无形资产等的现金支出＋分配股利和偿付利息的现金支出)
解释变量	企业战略	STRA	对企业战略的度量，取值范围为 6～60，数值越大，表示企业战略越激进

续表

变量类型	变量名称	符号	变量定义
控制变量	企业规模	SIZE	企业总资产取对数
	资产负债率	LEV	总负债与总资产的比值
	账面市值比	BM	股东权益与公司市值的比值
	企业的盈利能力	ROA	净利润与总资产的比值
	大股东持股比率	TOP1	第一大股东持股比例
	企业性质	SOE	当控股股东为国有企业时，SOE=1；否则为 0

本书预期模型（3－3）中企业战略的系数 β_1 为负，即企业战略越激进，现金充足率越低，对融资的需求越高。

模型（3－4）讨论了融资需求对商业信用的影响，被解释变量为企业获得的商业信用总额，以总资产标准化；主要解释变量为企业的融资需求（$FINANCE_{i,t}$）；控制变量与模型 3－1 相同。本书预期模型（3－4）中融资需求的系数 δ_1 为正，即融资需求越高，商业信用作为企业短期融资的重要方式之一，其值也越高。

接下来是中介效应检验，本书采用 Sobel（1982）的方法检验企业战略、融资需求和商业信用之间的中介关系。如果模型（3－3）和模型（3－4）中回归系数的乘积 $\beta_1 * \delta_1$ 显著异于 0，则中介效应存在。

3.5.3　实证检验结果

模型（3－3）和模型（3－4）的回归结果见表 3－20。表 3－20 的第 1 列显示企业战略 $STRA_{i,t}$ 的系数为－0.568，在 1%水平上显著为负，说明企业战略越激进，现金充足率越低，融资需求越高。第 2 列是融资需求对商业信用的回归结果，融资需求（$FINANCE_{i,t}$）的系数为 0.001，在 1%水平上显著为正，说明融资需求高的公司，获得的商业信用融资也高。本书进一步根据模型（3－2）和模型（3－3）的回归结果计算 Sobel 检验中的 z 值，发现 z 值为－2.564，在 5%检

验水平上显著异于 0，说明中介效应存在，融资需求是企业战略与商业信用之间的中介变量。

表 3-20　企业战略、融资需求与商业信用

	MODEL3	MODEL4
STRA	−0.568*** (−5.630)	
FINANCE		0.001*** (2.880)
AGE		0.027*** (12.526)
CFO		0.184*** (12.707)
LIQ		0.122*** (22.508)
AR		0.263*** (33.664)
BANK		−0.092*** (−13.144)
SIZE	0.056* (1.694)	0.030*** (41.150)
ROA	6.798*** (12.866)	−0.364*** (−23.197)
SOE	0.215*** (3.358)	
lev	−1.367*** (−7.693)	
BM	0.115** (2.304)	
TOP1	0.001 (0.103)	
截距项	0.962 (1.262)	−0.684*** (−38.551)
年度效应	已控制	已控制
行业效应	已控制	已控制
R^2	0.055	0.423
F 值	10.17***	163.9***
观测数	9 287	11 255
z 值（中介效应检验）		2.564**

3.6 研究结论与启示

商业信用作为正规金融系统的有益补充，具有重要的研究意义。近些年来，商业信用在我国公司债务融资结构中的使用规模已超过银行借款，商业信用在企业融资结构中的重要性更加突出。本章基于沪深两市 2011—2016 年 A 股上市公司的样本，探讨了企业采用不同的战略类型对企业债务融资方式中的非正规融资方式——商业信用的影响。研究发现：

（1）企业战略对商业信用有显著影响。企业战略越激进，获得的商业信用越多，二者呈正相关关系；从商业信用的获取渠道来比较，研究发现，无论是处于上游的供应商，还是处于下游的客户，企业战略越激进，获得的商业信用越多。从商业信用模式来比较，研究发现战略越激进的企业在交易成本较低的商业信用模式（应付账款、预收账款）使用方面越高，而在交易成本较高的商业信用模式（应付票据）的使用上则越低。

融资难、融资渠道有限一直是我国的普遍现象，而上述研究结论表明，企业战略越激进，获得的商业信用越多。实行进攻型战略的企业将创新化和差异化作为提升企业核心竞争力的途径，加大研发力度，大力开发新产品和新市场，有助于其获得商业信用融资，缓解融资难的问题，还能通过商业信用模式的选择降低融资成本，促进其投资和发展。这一研究结论与十九大报告中明确提出要大力发展创新的战略目标是一致的，对我国企业采用什么类型的战略具有一定的启发意义和实践指导意义。

本章的研究结论不仅丰富了商业信用的已有研究，还从企业战略视角论证了商业信用的替代性融资理论。

（2）本书还对企业战略影响商业信用的内在机理进行了探讨，中介效应检验发现企业战略通过融资需求影响企业获得的商业信用。进攻型企业由于致力于新产品、新市场的开发，需要大量的研发支出、营销推广费用等，融资需求比较强；无论是处于上游的供应商，还是处于下游的客户，都愿意向将创新化和差异化作为核心竞争力的进攻型企业提供商业信用。未来的研究可以从“商业信用供给的角度”来探讨企业战略影响商业信用的内在机理。

第4章　企业战略、市场地位与商业信用

4.1　引言

2007—2016年沪深A股上市公司所获得的商业信用占总负债的比重平均达到了39.9%，而同期银行长短期贷款占总负债的比重为32.1%。这说明商业信用在公司债务融资结构中的使用规模已超过银行借款，商业信用在企业融资结构中的重要性更加突出，已成为正规金融系统的有益补充，具有重要的研究意义。

早期的商业信用理论偏重于强调商业信用的融资替代功能，学术界认为信息不对称等问题将存在融资约束的企业排斥在信贷市场之外，得不到银行贷款的企业会转向上下游供应链，寻求商业信用，作为银行信贷的替代性融资方式（Petersen and Rajan，1997）。国内外一系列实证研究支持了这一理论（Fisman and Love，2003；Ge and Qiu，2007；余明桂和潘红波，2008；王彦超和林斌，2008；石晓军和李杰，2009）。但也有实证检验结果不支持替代性融资性理论（Petersen and Rajan，1997；Love，2007；谭伟强，2006），实务中有些企业尽管面临融资约束问题，却依然会提供商业信用。Petersen and Rajan（1997）研究发现，美国的大型企业不存在融资约束，但其使用商业信用的程度反而比小企业要高。我国金融市场存在明显的信贷歧视行为，大量信贷资源被国有企业所占有，但谭伟强（2006）的研究却发现，我国国有上市公司获得的商业信用高于面临更强融资约束的非国有上市公司。这显然有悖商业信用的替代性融资理论。

为此，国内外学者分别从商业信用供给和需求的角度提出并论证了商业信用的竞争性假说和买方市场理论。关于商业信用的竞争性假说，国外学者中最典型的代表是 Fisman and Raturi（2004）和 Van Horen（2005）。他们认为企业面临激烈的市场竞争时，存在较多的同业竞争者，客户有多种同类的交易对象可供其选择；为了避免客户转向其他同业竞争对手，企业主动向客户提供商业信用，以提高自身的竞争优势。即使企业面临融资约束，提供商业信用的成本较高，但为了在同业竞争中避免失去客户，企业仍然愿意提供商业信用。这是从商业信用供给的角度提出的商业信用的竞争性假说。

Fabbri and Menichini（2010）认为如果商业信用的替代性融资理论成立，那么存在信贷配给时，公司的商业信用规模应该不断扩大，但实证结果并没有证实这一推论。于是，Fabbri and Menichini（2010）尝试从商业信用需求的角度提出了商业信用的另一主流理论——买方市场理论。Fabbri and Menichini（2010）认为买方（客户）的强势地位造成了商业信用的存在，一方面，那些没有融资约束且信用记录较好的大企业可以通过商业信用来降低其融资成本；另一方面，供应商也愿意向这类企业提供商业信用，以加快其产品销售。

无论是商业信用的竞争性假说还是买方市场理论，都与企业的市场地位分不开。早期的商品经济以产品交易为主，而后随着金融市场的不断发展，资金对企业生存和发展的意义更加重要。Fabbri and Klapper（2008）认为企业运用商业信用时，会根据自身的资本结构进行调整。但并不是所有企业都可以自由地根据自身的资金需求和资本结构来调整其商业信用政策，这时企业的市场地位就会对商业信用产生一定的作用。

与防御型企业战略相比，进攻型企业战略由于在研发支出、市场营销费用、管理费用等方面的支出更大，现金充足率较低，融资需求更高。当其所处市场地位越高，越有利于其凭借自身的市场地位，采取威胁更换供应商和销售商等方式来强迫供应链上下游提供商业信用，满足其资金需求。尤其当企业所处行业竞争激烈、融资约束强时，市场地位越高，越有动机利用其自身的市场地位，获取更多的商业信用，来满足其融资需求。

债务融资是企业满足资金需求的重要手段，银行信贷和商业信用是我国企业最重要的两种融资方式，企业选择何种债务融资方式，一个重要的选择标准就是二者之间融资成本的比较。Giannetti et al.（2010）提出，在商业信用的买方市场理论下，由于买方处于强势地位，买方获得商业信用的成本实际上非常低，甚至可能低于同期银行贷款利率。当企业所处市场地位较高时，企业倾向于选择融资成本低的商业信用来满足其融资需求。

基于上述分析，本书以2011—2016年我国A股上市公司为研究样本，探讨了市场地位对企业战略激进程度与商业信用之间正相关关系的调节作用。研究发现，市场地位越高，企业战略激进程度与商业信用之间的正相关关系越强。本书还进一步将企业按照融资约束程度和企业所处行业的竞争程度分组，研究发现，融资约束较强的企业，其市场地位越高，企业战略与商业信用之间的正相关关系显著增强；而融资约束低的企业，影响不显著。对所处行业竞争比较激烈的企业，其市场地位越高，越倾向于凭借其较高的市场地位获取更多的商业信用。在企业债务融资方式的选择上，市场地位越高，进攻型企业越倾向于选择融资成本较低的商业信用作为满足其融资需求的债务融资方式。

本书的贡献主要体现为：

（1）引入企业微观特征——市场地位，将市场地位作为调节变量，分别检验了市场地位对企业战略与商业信用之间关系的影响，以及企业在实行不同的战略时，对企业选择债务融资方式的影响，从市场地位的视角拓宽了企业战略在财务领域的研究。

（2）在已有关于市场地位与商业信用之间关系的研究基础上，通过检验企业所处行业竞争程度和面临不同融资约束时，市场地位对企业战略与商业信用之间关系的影响，进一步丰富了商业信用的已有研究，并从企业战略和市场地位的视角论证了商业信用的买方市场理论。

（3）给定企业的债务结构，通过引入市场地位作为调节变量，从企业战略和市场地位的视角，拓宽了企业在债务融资方式选择方面的研究。

4.2　理论分析与研究假设

4.2.1　商业信用的竞争性假说和买方市场理论

商业信用之所以在全世界范围内广泛存在，并对企业的经营活动产生重要影响，学术界从商业信用的需求和供给出发，给出了融资比较优势理论和信贷配给理论两种理论解释，形成了商业信用的替代性融资理论（Petersen and Rajan，1997）。替代性融资理论认为，信息不对称等问题将存在融资约束的企业排斥在信贷市场之外，这些企业无法从银行信贷获得足够的资金支持，会转向上下游供应链，寻求商业信用，作为银行信贷的替代性融资方式。国内外一系列实证研究支持了这一理论（Fisman and Love，2003；Ge and Qiu，2007；余明桂和潘红波，2008；王彦超和林斌，2008；石晓军和李杰，2009），认为企业难以从正规融资渠道获得所需资金时，商业信用这一非正规的融资方式会成为企业重要的资金来源。但也有实证检验结果不支持替代性融资理论（Petersen and Rajan，1997；Love，2007；谭伟强，2006），实务中有些企业尽管面临融资约束问题，却依然会提供商业信用。Petersen and Rajan（1997）研究发现，美国的大型企业不存在融资约束，但其使用商业信用的程度反而比小企业要高。我国金融市场存在明显的信贷歧视行为，大量信贷资源被国有企业占有，但谭伟强（2006）的研究发现，我国国有上市公司获得的商业信用高于面临更强融资约束的非国有上市公司。这显然有悖商业信用的替代性融资理论。

为此，国内外学者分别从商业信用供给和需求的角度提出并论证了商业信用的竞争性假说和买方市场理论。关于商业信用的竞争性假说，国外学者中最典型的代表是 Fisman and Raturi（2004）和 Van Horen（2005），他们认为企业面临激烈的市场竞争时，存在较多的同业竞争者，客户有多种同类的交易对象可供其选择；为了避免客户转向其他同业竞争对手，企业主动向客户提供商业信用，以提高自身的竞争优势。即使企业面临融资约束，提供商业信用的成本较高，但为了在同业竞争中避免失去客户，企业仍然愿意提供商业信用。这是从商业信用供给的角度提出的商业信用的竞争性假说。

Fisman and Raturi (2004) 以非洲的部分国家为样本，研究发现企业所处行业的市场竞争程度越高，越倾向于提供商业信用，以稳定与客户的商业关系，二者之间存在显著的正相关关系。余明桂和潘红波 (2010) 利用 2004—2007 年中国工业企业的数据，提出企业为避免客户转向同业竞争对手，会向客户提供商业信用。特别是对民营企业来说，由于面临的市场竞争压力更大，不得不通过提供商业信用，增加其竞争优势。在金融发展水平较好的地区，这种现象更加普遍，这是因为金融发展较好的地区，民营企业获取的银行借款较多，有充足的资金提供商业信用。这也从另一个角度说明良好的金融发展水平有利于发挥商业信用作为市场竞争手段的作用。

Fabbri and Menichini (2010) 认为，如果商业信用的替代性融资理论成立，那么存在信贷配给时，公司的商业信用规模应该不断扩大，但实证结果并没有证实这一推论。为此，Fabbri and Menichini (2010) 尝试从商业信用需求的角度提出了商业信用的另一主流理论——买方市场理论。Fabbri and Menichini (2010) 认为买方(客户) 的强势地位造成了商业信用的存在：一方面，那些没有融资约束且信用记录较好的大企业可以通过商业信用来降低其融资成本；另一方面，供应商也愿意向这类企业提供商业信用，以加快其产品销售。Giannetti et al. (2010) 提出，在商业信用的买方市场理论下，由于买方处于强势地位，买方获得商业信用的成本实际上非常低，甚至可能低于同期银行贷款利率。Giannetti et al. (2011) 还从企业产品特征和银企关系的角度讨论了商业信用，发现信用较高和市场地位较高的企业获取的商业信用更多。

陆正飞和杨德明 (2011) 研究发现，企业在货币政策紧缩时期，银行信贷的规模下降，商业信用的大量存在符合商业信用的替代性融资理论；而在货币政策宽松时期，企业获取银行信贷较为容易的情况下，商业信用仍然大量存在，是因为买方的强势地位，符合商业信用的买方市场理论。

4.2.2 企业战略、市场地位与商业信用

从商业信用理论的发展过程来看，最早提出的商业信用替代性融资理论强调的是商业信用作为正规金融融资渠道的替代性融资功能，而后 Fabbri and Menichini（2010）提出的买方市场理论则强调商业信用参与市场竞争的作用。理论发展与市场环境和经济背景等有着必然的联系。早期的商品经济以产品交易为主，而后随着金融市场的不断发展，资金对企业生存和发展的意义更加重要。Fabbri and Klapper（2008）认为企业运用商业信用时，会根据自身的资本结构进行调整。但并不是所有企业都可以自由地根据自身的资金需求和资本结构来调整其商业信用政策，这时企业的市场地位就会对商业信用规模产生一定的作用。

Long et al.（1993）提出小企业主动提供商业信用，是为了向市场保证其产品质量，而这一现象在大企业则不多见。Petersen and Rajan（1997）发现供应商更愿意为增长潜力大的公司提供商业信用。Fisman and Raturi（2004）发现公司的垄断地位越高，商业信用的使用规模越大，二者之间存在一定的正相关关系。随后，Van Horen（2005）研究发现发展中国家的中小企业出于市场竞争的需要，会主动向市场地位较高的大企业提供商业信用。Giannetti et al.（2011）发现企业信誉、市场地位越高，获取的商业信用越多。国内学者如徐晓萍和李猛（2009）以 2007 年上海市的中小企业为研究对象，研究发现企业规模与提供的商业信用显著负相关；企业规模越小，反而提供的商业信用越多。刘欢等（2015）的研究也发现，我国上市公司的市场地位越高，获得的商业信用规模越大。

在第 3 章的实证检验中，本书发现与防御型企业战略相比，进攻型企业战略由于在研发支出、市场营销费用、管理费用等方面的

支出更大，现金充足率较低，融资需求更高。当进攻型企业所处市场地位越高时，越能够凭借其自身的市场地位，采取威胁更换供应商和销售商等方式来强迫供应链上下游提供商业信用来满足其融资需求；而市场地位较低的公司为了在市场竞争中获得优势，维护良好的客户关系，为其出售的产品质量提供信用保障，也会选择主动向买方提供商业信用。由此提出假设 1。

H1：市场地位越高，企业战略与商业信用之间的正相关关系越强。

4.2.3　企业战略、市场地位、融资约束与商业信用

Petersen and Rajan（1997）、Nilsen（2002）的研究发现，公司面临融资约束，很难从正规的金融机构获得资金支持时，会选择通过获取上下游供应链的商业信用来满足其资金需求。Fisman and Love（2003）探讨了金融市场发展水平对商业信用的影响，研究发现金融市场发展水平不高的地区，金融机构的信贷资源配置效率较低，商业信用的使用会更多。

在我国，由于特定的制度背景，我国商业银行大多由政府直接或间接控制，银行信贷资源的配置存在着较强的所有制歧视，国有控股的大中型商业银行控制着大量的信贷资源，存在明显的“信贷歧视”行为（王彦超，2014），金融机构的信贷资源配置效率较低（王彦超和林斌，2008），很多企业难以从银行获得所需的资金，只能通过供应商或客户提供的商业信用来获得所需的资金。饶品贵和姜国华（2013）从货币政策角度讨论了银行借款与商业信用二者之间的替代关系，研究发现公司在货币政策紧缩时期由于从正规的金融系统无法获取足够的资金，会选择通过获取商业信用的方式来缓解其融资需求。刘欢等（2015）通过实证检验发现，面临融资约束的企业，当其市场地位较高时，越倾向于凭借其较高的市场地位获

取商业信用，缓解其融资需求。

综上所述，商业信用有助于缓解企业的融资约束，特别是在我国特定的金融环境下，信贷歧视导致很多企业面临较强的融资约束，如果其市场地位较高，可以凭借其较高的市场地位来获取商业信用，缓解其融资约束问题。对进攻型企业来说，融资需求高，当其面临较强的融资约束时，可凭借其较高的市场地位获取商业信用，来缓解其融资约束。由此提出本书的假设 2：

H2：相对于无融资约束的企业来说，面临融资约束的企业，其市场地位越高，企业战略与商业信用之间的正相关关系越强。

4.2.4 企业战略、市场地位、市场竞争程度与商业信用

商业信用的竞争性假说认为，企业为了避免客户转向同业竞争对手，将商业信用作为参与市场竞争的手段，因此企业所处的市场竞争程度会对商业信用造成不同的影响（Fisman and Raturi，2004；Van Horen，2005）。企业面临激烈的市场竞争时，存在较多的同业竞争者，客户有多种同类的交易对象可供其选择；为了避免客户转向其他同业竞争对手，企业主动向客户提供商业信用，以提高自身的竞争优势。即使企业面临融资约束，提供商业信用的成本较高，但为了在同业竞争中避免失去客户，企业仍然愿意提供商业信用。Fisman and Raturi（2004）以非洲的部分国家为样本，研究发现企业所处行业的市场竞争越激烈，提供商业信用的规模就越大，二者存在显著的正相关关系，企业通过提供商业信用的方式来建立与客户稳定的商业关系。余明桂和潘红波（2010）利用 2004—2007 年我国工业企业的数据，通过比较私有企业和国有企业，发现私有企业面临的市场竞争压力更大，更倾向于将商业信用作为产品市场的竞争手段。

不同企业所处行业不同，面临的市场竞争压力不同。对实施不

同战略的企业而言，融资需求程度也不同，实行进攻型战略的企业，其融资需求远高于实行防御型战略的企业。当其所处市场竞争程度较低，而作为交易方的供应商或客户所处市场竞争程度较高时，处于上游的供应商为了锁定客户，为其产品提供质量保证，处于下游的客户为了与企业建立稳定的商业关系，会主动提供商业信用；反之，当企业所处市场竞争程度较高，而作为交易方的供应商或客户所处市场竞争程度较低时，处于上游的供应商和处于下游的客户相对处于强势地位，会对商业信用的获取产生一定的抑制作用。由此提出本书的假设 3：

H3：相对于所处市场竞争程度低的企业来说，所处市场竞争程度高的企业，其市场地位越高，企业战略与商业信用之间的正相关关系越强。

4.2.5　企业战略、市场地位与债务融资

债务融资是企业满足资金需求的重要手段，主要有银行借款、商业信用和发行债券三种主要方式。这三种方式各有利弊，由于我国企业债券市场还不完善，其对企业的债务融资作用没有得到充分发挥，银行借款和商业信用则成了我国企业最重要的两种融资方式，二者融资成本的比较则成了企业选择债务融资方式的标准之一。

比较商业信用的两个主要理论——替代性融资理论和买方市场理论，我们发现主要有两方面的不同，一是什么因素促成了商业信用的大量存在，是商业信用的需求还是商业信用的供给？二是商业信用的成本到底高于还是低于银行贷款的成本？这两个问题是相关联的。首先，商业信用的替代性融资理论认为，企业存在信贷配给时，由于不能获得足够的银行信贷，会将商业信用作为替代性融资方式，因此，商业信用的需求导致了商业信用的大量存在。而商业信用的买方市场理论则认为是商业信用的供给促成了商业信用的大

量存在，由于买方即需求方处于强势地位，供应商即供给方为了促成其产品的尽快销售，维持其与客户的稳定关系，同时为自身的产品质量提供保障，倾向于向买方大量提供商业信用。其次，在商业信用的替代性融资理论下，由于买方即需求方处于弱势地位，而供应商处于强势地位，供应商必然会提高商业信用的使用成本，而买方为了获得供应商提供的商业信用，必须接受较高成本的商业信用，此时的成本可理解为买方支付的保险溢价和违约溢价（Cunat，2007）。而在商业信用的买方市场理论下，由于买方处于强势地位，买方获得商业信用的成本实际上非常低，甚至可能低于同期银行贷款利率（Giannetti et al.，2010）。张新民等（2012）的研究发现，市场地位高的企业不仅获得的商业信用和银行借款都更多，且有更大的自主融资选择能力，可根据自身的融资需求状况来选择商业信用和银行贷款的规模。

综上所述，与防御型企业战略相比，当实行进攻型企业战略时，如果其市场地位较高，根据买方市场理论，企业处于强势地位，可凭借其较高的市场地位，选择融资成本更低的商业信用作为债务融资的主要方式。由此提出假设4：

H4：与防御型企业战略相比，进攻型企业所处市场地位越高，越倾向于选择融资成本低的商业信用作为债务融资方式。

4.3 研究设计

4.3.1 数据来源和研究样本

本书以沪深A股披露了研发支出数据的上市公司为样本，以2011—2016年为样本期，全部财务数据来自CSMAR数据库。根据证监会发布的《上市公司行业分类索引（2012）》进行行业分类，其中制造业由于包含的企业细类和企业数量较多，采用二级行业代码作为分类标准，其他行业按照一级行业代码作为分类标准。

确定样本区间和行业分类后，按照如下原则对样本做了筛选和进一步处理：（1）剔除了财务数据缺失的上市公司；（2）由于金融类上市公司的规模和经营特征等与其他行业差别较大，按照常规处理，剔除了金融类上市公司；（3）剔除了净资产为负的上市公司；（4）对连续型变量按照 1%和 99%分位数进行缩尾处理。经过筛选，最后样本包括 2 179 家上市公司，9 206 个公司一年度观测值。

本章的数据处理和后续实证分析均采用 R 软件完成，为了让实证结果更稳健，模型回归采用面板数据的固定效应模型处理。

4.3.2　实证模型

1. 模型（4-1）

为了检验假设 1 和假设 2，本书借鉴 Ge and Qiu（2007）、张新民等（2012）的研究，将实证模型设定为：

$$\begin{aligned} CREDIT_{i,t} = {} & \alpha_1 STRA_{i,t} + \alpha_2 MP_{i,t} + \alpha_3 STRA_{i,t} * MP_{i,t} \\ & + \alpha_4 SIZE_{i,t} + \alpha_5 AGE_{i,t} + \alpha_6 CFO_{i,t} \\ & + \alpha_7 ROA_{i,t} + \alpha_8 LIQ_{i,t} + \alpha_9 AR_{i,t} \\ & + \alpha_{10} BANK_{i,t} + \alpha_i + \lambda_t + \varepsilon_{i,t} \end{aligned} \tag{4-1}$$

模型（4-1）为对面板数据进行分析的固定效应模型，i 代表企业个体；t 表示年度；α_i 和 λ_t 分别表示企业的个体效应和年度效应；$\varepsilon_{i,t}$ 为随机扰动项。因而模型（4-1）能有效控制住不随时间变化同时又无法观察的个体异质性以及不随个体变化同时又无法观察的时间异质性，能在一定程度上缓解遗漏变量偏误问题。

（1）被解释变量。CREDIT 是本书的被解释变量，代表企业获取的商业信用。本书参考 Ge and Qiu（2007）、陆正飞和杨德明

(2011)、Coulibaly et al.（2013）、饶品贵和姜国华（2013）的研究，分别从商业信用融资总额和净额来衡量，并以当年总资产标准化：

1）商业信用融资总额（AP）＝应付账款＋应付票据＋预收账款；

2）商业信用融资净额（NCR）＝(应付账款＋应付票据＋预收账款)－(应收账款＋应收票据＋预付账款)。

（2）主要解释变量。

1）企业战略（STRA）。假设1中的主要解释变量为企业战略（STRA）与市场地位（MP）的交叉项。企业战略（STRA）同第3章，为参照Bentley et al.（2013）、孙健等（2016）的研究，从6个维度构造的企业战略得分指标的加总，值越高，说明企业战略越激进；值越低，说明企业战略越保守。

2）市场地位（MP）。度量市场地位的方法比较多，最常用的方法是根据市场占有率来衡量。某企业的市场占有率是指该企业的年度销售收入占整个行业年度销售收入的比例。该方法与赫芬达指数一致，计算出来的结果是一个连续型的变量。为了方便研究，一般采用如下方法将其转换为0-1变量：当该企业某一年度的市场占有率超过行业中所有企业市场占有率的中位数时，表示企业的市场地位较高，$MP=1$；反之，$MP=0$，表示企业的市场地位较低。

3）融资约束。假设2在假设1的基础上，按照企业是否面临融资约束分为融资约束组和无融资约束组，分别在两组样本中，比较企业战略、市场地位与商业信用的关系。融资约束的度量，本书参考Devereux and Schiantarelli（1990）、Aggarwal and Zong（2003）的研究，分别采用企业规模和利息保障倍数两个指标来衡量融资约束。

采用企业规模来衡量融资约束时，按照企业规模排序，小于33分位数的企业为融资约束组，大于66分位数的企业为无融资约束组。采用利息保障倍数来衡量融资约束时，将企业按照利息保障倍数排序，小于 33 分位数的企业为融资约束组，大于 66 分位数的企业为无融资约束组。

4）市场竞争程度。假设 3 在假设 1 的基础上，按照企业所处市场竞争程度分为市场竞争程度高和市场竞争程度低两组，分别在两组样本中，比较企业战略、市场地位与商业信用的关系。市场竞争程度分别按照赫芬达指数（HHI）和熵指数（EI）对企业进行分组。

赫芬达指数（HHI）为企业年度销售额占行业总销售额的比例的平方，再求和。用公式表示如下：

$$HHI=\sum_{1}^{n}\left(\frac{x}{X}\right)^{2}$$

式中，x 表示某企业的年度销售额；X 表示行业内所有企业的年度销售额之和；n 表示行业内企业的数量。赫芬达指数越大，说明市场集中程度越高，公司所处行业的垄断水平较高，市场竞争程度相对较低；反之，赫芬达指数越低，说明市场集中程度越低，市场竞争程度相对较高。本书将 HHI 小于或等于中位数，定义为市场竞争程度高，将 HHI 大于中位数定义为市场竞争程度低。

熵指数（EI）的计算公式如下：

$$EI=\sum_{1}^{n}\left(\frac{x}{X}\right)\log\left(\frac{X}{x}\right)$$

式中，$\frac{x}{X}$表示某企业年度销售额占行业总销售额的比例；n 表示行业内企业的数量。熵指数越大，说明市场集中程度越低，公司所处行业的市场竞争程度相对较高；反之，熵指数越低，说明市场集中程度越高，市场竞争程度相对较低。本书将 EI 大于中位数定义为市场竞争程度高，将 EI 小于或等于中位数，定义为市场竞争程度低。

(3) 控制变量。控制变量参考陆正飞和杨德明（2011）、张新民等（2012）的研究，主要包括公司规模（SIZE）、企业年龄（AGE）、经营现金流（CFO）、盈利能力（ROA）、资产流动性（LIQ）、应收账款、银行借款等。

上述主要变量的符号与定义见表 4-1。

表 4-1　变量符号与定义

变量类型	变量名称	符号	变量定义
被解释变量（CREDIT）	商业信用融资总额（来自上下游）	AP	应付票据、应付账款和预收账款之和，除以当年总资产
	商业信用净融资额	NCR	(应付账款+应付票据+预收账款)－(应收账款+应收票据+预付账款)，以当年总资产标准化
解释变量	企业战略	STRA	对企业战略的度量，取值范围为 6～60，数值越大，表示企业战略越激进
	企业的市场地位	MP	企业 i 年度的销售收入占行业内所有企业的年度销售收入之和的比例
	融资约束指标 1	FC1	企业规模：按照企业规模排序，小于 33 分位数的企业为融资约束组，大于 66 分位数的企业为无融资约束组
	融资约束指标 2	FC2	利息保障倍数=(净利润+所得税费用+财务费用)/财务费用。按照利息保障倍数排序，小于 33 分位数的企业为融资约束组，大于 66 分位数的企业为无融资约束组
	市场竞争程度指标 1	HHI	$HHI = \sum_{1}^{n}\left(\frac{x}{X}\right)^{2}$
	市场竞争程度指标 2	EI	$EI = \sum_{1}^{n}\left(\frac{x}{X}\right)\log\left(\frac{X}{x}\right)$

续表

变量类型	变量名称	符号	变量定义
控制变量	企业规模	SIZE	企业总资产取对数
	企业年龄	AGE	企业成立年数的自然对数
	经营活动现金流量净额	CFO	企业经营活动所产生的现金流量净额占总资产的比例
	企业的盈利能力	ROA	净利润与总资产的比值
	企业资产流动性	LIQ	流动资产与总资产的比值
	应收账款	AR	应收账款，以当年总资产标准化
	银行借款	BANK	短期借款与长期借款之和，占总资产的比重

2. 实证模型（4-2）

为了检验假设 4，本书借鉴刘凤委等（2009）、陈运森和王玉涛（2010）的研究，将实证模型设定为：

$$\begin{aligned}DST_{i,t} =& \alpha_0 + \alpha_1 STRA_{i,t} + \alpha_2 MP_{i,t} + \alpha_3 STRA_{i,t} * MP_{i,t} \\ &+ \alpha_4 SIZE_{i,t} + \alpha_5 LEV + \alpha_6 FINANCE_{i,t} \\ &+ \alpha_7 ROA_{i,t} + \alpha_8 TOP1_{i,t} + \alpha_9 INDEX \\ &+ \alpha_{10} YEAR + \alpha_{11} IND + \varepsilon_{i,t} \end{aligned} \tag{4-2}$$

（1）被解释变量。被解释变量 $DST_{i,t}$ 为企业的债务融资方式，参考 Lin et al.（2013）的研究，将 $DST_{i,t}$ 定义为商业信用占企业债务融资的比重。其中，企业债务融资为商业信用与银行长短期借款之和；商业信用为应付账款、应付票据与预收账款之和。由于商业信用属于短期融资的范畴，因此另外一种度量方式是用商业信用占企业短期债务融资的比重，即商业信用占商业信用与短期银行借款之和的比来衡量。

（2）解释变量。解释变量企业战略（STRA）和市场地位（MP）同模型（4-1）。

（3）控制变量。参考刘凤委等（2009）、陈运森和王玉涛（2010）、余明桂和潘红波（2010）的研究，分别选取了以下几类控制变量。

1）反映企业特征的控制变量，如企业规模（SIZE）、资本结构（LEV）、盈利能力（ROA）、现金充足率（FINANCE）、第一大股东持股比例（TOP1）等。企业规模不同，获取银行借款和商业信用的能力也不同；企业的资本结构即企业的资产负债率反映了企业债务的风险程度，资产负债率越高，企业违约的风险也越高，企业在债务融资时要考虑自身的资本结构；现金充足率反映了企业自身持有的现金水平满足其融资需求的程度，企业现金充足率越小，融资需求则越大。

2）反映企业所处市场环境的控制变量，如金融发展水平和市场化程度（INDEX）等。地区金融体系的市场发展水平越高，银行的独立性越强，会更多基于经济效率而不是政府干预进行信贷决策（余明桂和潘红波，2008）；银行更有动力对经营绩效更高、成长能力更强的企业提供贷款（方军雄，2007）。

3）行业和年度控制变量。不同行业的竞争程度不同，在银行信贷和商业信用方面差异也比较大。不同年度，所处宏观经济环境不同，也会对银行信贷和商业信用产生不同的影响。

上述主要变量的符号与定义见表 4－2。

表 4－2　变量的符号与定义

变量类型	变量名称	符号	变量定义
被解释变量	企业的债务	DST1	商业信用/（商业信用＋短期借款＋长期借款），反映商业信用占企业债务融资的比例
	融资方式	DST2	商业信用/（商业信用＋短期借款），反映商业信用占企业短期债务融资的比例
解释变量	企业战略	STRA	对企业战略的度量，取值范围为6～60，数值越大，表示企业战略越激进
	企业的市场地位	MP	企业 i 年度的销售收入占行业内所有企业的年度销售收入之和的比例

续表

变量类型	变量名称	符号	变量定义
控制变量	企业规模	SIZE	企业总资产的自然对数
	企业的资产负债率	LEV	总负债与总资产的比值
	企业的盈利能力	ROA	净利润与总资产的比值
	现金充足率	FINANCE	现金充足率＝经营活动现金净流量/（购建固定资产、无形资产等的现金支出＋分配股利和偿付利息的现金支出）
	第一大股东持股比例	TOP1	第一大股东持股比例
	地区金融市场发展水平	INDEX	樊纲指数，用来控制地区金融市场发展水平的影响
	行业	IND	行业哑变量
	年度	YEAR	年度哑变量

4.4　检验结果与分析

4.4.1　描述性统计

1. 企业债务融资方式

表 4－3 列示了我国沪深 A 股上市公司 2007—2016 年期间，商业信用[①]（非正规的融资渠道）和银行借款[②]（正规的融资渠道）在企业债务融资中所占的比例。其中，商业信用以企业从上下游供应链所获取的商业信用总额占当年总负债的比重来衡量；银行借款以企业从银行获取的长短期银行借款之和占当年总负债的比重来衡量。从表 4－3 可以看出，沪深 A 股上市公司 2007—2016 年所获得的商业信用占总负债的比重平均达到了 39.9%，高于同期银行长短期贷

① 商业信用＝(应付账款＋应付票据＋预收账款)÷总资产

② 银行借款＝(短期银行借款＋长期银行借款)÷总资产

款占总负债的比重32.1%。

表4-3　企业债务融资方式比较

年份	商业信用	银行借款
2007	0.343	0.402
2008	0.356	0.394
2009	0.376	0.368
2010	0.412	0.322
2011	0.419	0.308
2012	0.417	0.295
2013	0.406	0.301
2014	0.399	0.289
2015	0.390	0.284
2016	0.433	0.330
平均	0.399	0.321

图4-1直观地列示了我国沪深A股上市公司2007—2016年期间，商业信用和银行借款在企业债务融资中所占比例的对比和变化。虽然长期以来我国企业主要的融资渠道表现为以银行信贷为主的间接融资，但从表4-3可以看出，从2009年开始，商业信用在企业债

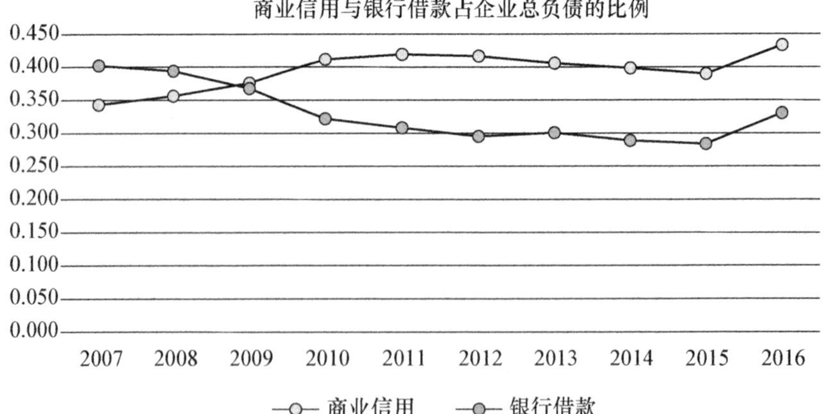

图4-1　企业债务融资方式的比较

务融资中的规模已经反超银行借款，并一直持续保持反超的趋势。这充分说明了商业信用这一非正规的融资方式在我国上市公司债务融资中的重要地位，已持续超过银行借款。

2. 实行不同战略的企业所处不同市场地位时获取的商业信用对比

表 4－4 比较了企业实行不同的战略，当其所处市场地位不同时所获的商业信用的对比。从表 4－4 可以看出，无论企业实行哪种战略，市场地位高的企业所获得的商业信用总额（AP）都比市场地位低的企业所获得的商业信用总额（AP）要高；在考虑对外提供的商业信用后，上市公司商业信用融资净额（NCR）均为负，市场地位高的企业，其商业信用净额（NCR）比市场地位低的企业的商业信用净额（NCR）要高。

表 4－4　实施不同战略的企业所处市场地位不同时所获取的商业信用对比

商业信用	进攻型企业		分析型企业		防御型企业	
	市场地位高	市场地位低	市场地位高	市场地位低	市场地位高	市场地位低
商业信用总额（AP）	0.151	0.110	0.199	0.125	0.187	0.148
商业信用净额（NCR）	－0.057	－0.088	－0.015	－0.073	－0.022	－0.065

3. 相关变量的描述性统计

表 4－5 是模型（4－1）中相关变量的描述性统计。从表中各个变量的分布可知，被解释变量商业信用占总资产比例的均值为 16.1%，中位数为 13.3%。这和刘欢等（2015）的结果类似。但不同公司之间商业信用的规模存在较大的差异，最小的仅占总资产的 0.2%，最大的则占总资产的 60.6%。

解释变量中，企业战略（STRA）的均值为 31.866，标准差为 7.763，说明企业之间战略差异较大，这与孙健等（2016）的研究结果相似。市场地位（MP）的均值为0.018，最小值为0，最大值为0.428，说明市场地位是一个负偏态的分布，大部分公司市场占有率不高，市场较为分散。

另外，控制变量中，公司规模（SIZE）、企业年龄（AGE）、经营活动现金流量净额（CFO）、盈利能力（ROA）、资产流动性（LIQ）等指标的均值分别为21.988，2.663，0.04，0.037，0.578，且各指标间存在较大差异。

表4-5　主要变量描述性统计特征

变量名	观测数	平均值	标准差	最小值	中位数	最大值
AP	9 206	0.161	0.114	0.002	0.133	0.606
NCR	9 206	−0.044	0.132	−0.436	−0.043	0.453
STRA	9 206	31.866	7.763	9	32	57
MP	9 206	0.018	0.048	0	0.005	0.428
SIZE	9 206	21.988	1.251	18.343	21.779	26.094
AGE	9 206	2.663	0.400	0.693	2.708	3.611
CFO	9 206	0.040	0.070	−0.287	0.039	0.326
ROA	9 206	0.037	0.058	−0.590	0.035	0.287
LIQ	9 206	0.578	0.188	0.058	0.591	0.986
AR	9 206	0.205	0.186	0.002	0.163	0.640
BANK	9 206	0.141	0.133	0	0.113	0.629

注：描述性统计基于缩尾后的数据。

表4-6是模型（4-2）中相关变量的描述性统计。从表中各个变量的分布可知，被解释变量——企业的债务融资方式DST1的均值为58.8%，中位数为56.4；DST2的均值为66.9%，中位数为68.7%。这说明商业信用无论是在企业的债务融资中的占比还是在企业短期债务融资中的占比均在50%以上。但不同公司间，商业信用在企业债务融资中的比例存在较大的差异，占比最小的仅为3%，而占比最大的则高达100%；商业信用在企业短期债务融资中占比最小的公司为5.8%，占比最大的公司为100%。

解释变量中，企业战略（STRA）的均值为 31.85，标准差为 7.782，说明企业之间战略差异较大，这与孙健等（2016）的研究结果相似。市场地位（MP）的均值为 0.017，最小值为 0，最大值为 0.428，说明市场地位是一个负偏态的分布，大部分公司市场占有率不高，市场较为分散。

另外，控制变量中，公司规模（SIZE）、资产负债率（LEV）、盈利能力（ROA）、现金充足率（FINANCE）、第一大股东持股比例（TOP1）等指标的均值分别为 21.965，0.427，0.039，0.546，0.355，且各指标间存在较大差异。

表 4-6　主要变量描述性统计特征

变量名	观测数	平均值	标准差	最小值	中位数	最大值
DST1	13 785	0.588	0.298 8	0.030	0.564	1
DST2	14 568	0.669	0.278	0.058	0.687	1
STRA	10 735	31.85	7.782	9	32	57
MP	15 496	0.017	0.045	0	0.003	0.428
SIZE	15 504	21.965	1.304	18.343	21.800	26.094
LEV	15 504	0.427	0.218	0.032	0.416	0.942
ROA	15 503	0.039	0.060	−0.590	0.036	0.287
FINANCE	15 482	0.546	3.859	−29.306	0.543	27.771
TOP1	15 502	0.355	0.154	0.072	0.335	0.806
INDEX	9 238	8.428	4.587	−0.690	7.540	16.190

4.4.2　相关性分析

表 4-7 是模型（4-1）中主要变量的相关系数矩阵，从表 4-7 的结果来看，企业战略（STRA）与商业信用（AP）之间负相关。市场地位（MP）与商业信用（AP）之间正相关，这与张新民（2012）和刘欢（2015）的研究结果类似。

表 4-7　主要变量的 Pearson 相关系数矩阵

	AP	STRA	MP	SIZE	AGE	CFO	ROA	LIQ	AR	BANK
AP	1									
STRA	−0.092	1								
MP	0.107	−0.019	1							
SIZE	0.250	−0.058	0.374	1						
AGE	0.069	−0.096	0.002	0.149	1					
CFO	−0.039	−0.024	0.106	0.058	0.009	1				
ROA	−0.100	0.130	0.056	−0.050	−0.115	0.333	1			
LIQ	0.329	0.077	−0.046	−0.181	−0.153	−0.190	0.163	1		
AR	0.331	0.013	−0.064	−0.168	−0.150	−0.206	0.027	0.427	1	
BANK	−0.028	−0.153	0.070	0.344	0.168	−0.153	−0.346	−0.290	−0.104	1

表 4-8 是模型（4-2）中主要变量的相关系数矩阵。从表 4-8 的结果来看，企业战略（STRA）无论是与企业的债务融资方式 DST1，还是与企业的短期债务融资方式 DST2 之间均显著正相关。

表 4-8　主要变量的 Pearson 相关系数矩阵

	DST1	DST2	STRA	MP	SIZE	LEV	ROA	FIANACE	TOP1	INDEX
DST1	1									
DST2	0.881	1								
STRA	0.096	0.068	1							
MP	−0.036	−0.033	−0.025	1						
SIZE	−0.123	−0.017	−0.058	0.447	1					
LEV	−0.432	−0.339	−0.162	0.147	0.309	1				
ROA	0.266	0.243	0.135	0.056	−0.040	−0.357	1			
FINANCE	0.077	0.071	−0.024	0.027	0.011	−0.080	0.125	1		
TOP1	0.019	0.062	−0.070	0.146	0.198	0.060	0.103	0.052	1	
INDEX	0.141	0.102	−0.022	0.041	0.023	−0.141	0.086	0.042	0.062	1

4.4.3　实证结果分析

1. 假设 1

本书对假设 1 采用基于面板数据的固定效应模型进行检验，来分析调节变量“市场地位”对企业战略和商业信用之间关系的影响，结果见表 4-9。其中，MODEL1 以企业获得的商业信用融资总额为因变量，检验结果发现市场地位与企业战略的交叉项系数 0.004 在 1%水平上显著为正，这说明企业市场地位越高，进攻型企业与商业信用融资的正相关关系显著增强。MODEL2 以企业获得的商业信用净额为因变量，检验结果发现市场地位与企业战略的交叉项系数 0.003 在 1%水平上显著为正。结论同上，从而论证了假设 1。

其他控制变量中，公司规模（SIZE）、经营现金流（CFO）、资产流动性（LIQ）、应收账款（AR）的回归系数均显著为正，这说明企业规模越大、企业经营现金流越多、资产流动性越高、应收账款越多，企业获得的商业信用总额越多；银行借款（BANK）的系数 −0.039 在 1%水平上显著为负，这说明银行借款与商业信用之间存在替代关系，这与余明桂和潘红波（2008）、王彦超和林斌（2008）、石晓军和李杰（2009）的研究结果一致。企业的盈利能力（ROA）、银行借款（BANK）的回归系数显著为负，说明企业盈利能力越强、获得的银行借款越多，企业融资需求相对减少，获得的商业信用总额也减少。控制变量中的企业年龄（AGE）与商业信用的回归系数不显著。

表 4-9　企业战略、市场地位与商业信用

	MODEL1 AP	MODEL2 NCR
STRA	0.012** (2.459)	0.013*** (2.772)
MP	0.125*** (3.508)	0.143*** (4.057)

续表

	MODEL1 AP	MODEL2 NCR
MP * STRA	0.004*** (5.636)	0.003*** (5.174)
SIZE	0.019*** (10.392)	0.017*** (9.612)
AGE	0.003 (0.360)	0.004 (0.444)
CFO	0.144*** (15.609)	−0.133*** (15.731)
ROA	−0.136*** (−11.290)	−0.133*** (−11.073)
LIQ	0.019*** (2.903)	0.017*** (2.662)
AR	0.244*** (23.469)	−0.747*** (−72.364)
BANK	−0.040*** (−4.784)	−0.040*** (−4.821)
年度效应	控制	控制
公司固定效应	控制	控制
R^2	0.126	0.497
F 值	101.255***	692.835***
观测值	9 206	9 206

2. 假设 2

本书对假设 2 采用基于面板数据的固定效应模型进行分组检验，按照是否面临融资约束进行分组，来分析企业战略、市场地位与商业信用之间的关系在有无融资约束时的变化。结果见表 4 - 10 和表 4 - 11。

表 4 - 10 是按企业规模将样本分为融资约束高和融资约束低两组进行检验，结果发现 MODEL1 以企业获得的商业信用融资总额 AP 为因变量时，市场地位与企业战略的交叉项系数在融资约束高的那一组样本中为 0.004，在 1%水平上显著为正，这说明在融资约束

高的企业中，企业市场地位越高，企业战略与商业信用之间的正相关关系显著增强。而在融资约束低的样本组中，检验结果发现市场地位与企业战略的交叉项系数为 0.002，但不显著，这说明在融资约束低的企业中，企业的市场地位对企业战略与商业信用之间的正相关关系的影响不显著。

MODEL2 以企业获得的商业信用净额（NCR）为因变量，检验结果发现在融资约束高的样本组，市场地位与企业战略的交叉项系数为 0.003，在 10%水平上显著为正；而在融资约束低的样本组，市场地位与企业战略的交叉项系数也为 0.003，但不显著，这说明在融资约束低的企业中，企业的市场地位对企业战略与商业信用之间的正相关关系的影响不显著。结论同上，从而论证了假设 2。

表 4-10　企业战略、市场地位与商业信用（按企业规模分组）

	MODEL1（AP）		MODEL2（NCR）	
	融资约束高	融资约束低	融资约束高	融资约束低
STRA	0.007	0.013*	0.012	0.014*
	(−0.775)	(−1.679)	(1.363)	(1.736)
MP	0.417**	0.104**	0.456***	0.099**
	(−2.385)	(−2.386)	(2.637)	(2.243)
MP＊STRA	0.004***	0.002	0.003*	0.003
	(−2.867)	(−1.517)	(2.449)	(1.573)
SIZE	0.040***	0.018***	0.034***	0.017***
	(−8.83)	(−4.457)	(7.628)	(4.115)
AGE	−0.013	0.050***	−0.012	−0.053***
	(−0.76)	(−3.017)	(−0.709)	(−3.188)
CFO	0.010***	0.183***	0.105***	0.186***
	(−6.558)	(−11.547)	(6.959)	(11.565)
ROA	0.112***	−0.168***	−0.108***	−0.167***
	(−6.147)	(−7.123)	(−5.956)	(−7.026)
LIQ	0.005	0.023*	−0.004	0.024*
	(−0.437)	(1.652)	(−0.384)	(1.678)

续表

	MODEL1（AP）		MODEL2（NCR）	
	融资约束高	融资约束低	融资约束高	融资约束低
AR	0.180***	0.223***	−0.804***	−0.780***
	(−9.6)	(10.68)	(−43.5)	(−37.02)
BANK	−0.019	−0.100***	−0.022	−0.098***
	(−1.219)	(1.517)	(−1.392)	(−6.888)
年度效应	控制	控制	控制	控制
公司固定效应	控制	控制	控制	控制
R^2	0.105	0.143	0.550	0.467
F 值	23.177***	36.93***	242.96***	193.83***
观测值	2 933	3 049	2 933	3 049

表 4 - 11 是按利息保障倍数将样本分为融资约束高和融资约束低两组进行检验得到的结果。检验结果发现 MODEL1 以企业获得的商业信用融资总额 AP 为因变量时，市场地位与企业战略的交叉项系数在融资约束高的那一组样本中为 0.004，在 1%水平上显著为正；而在融资约束低的样本组，市场地位与企业战略的交叉项系数为 0.001，但不显著。这说明在融资约束高的企业中，企业的市场地位越高，企业战略与商业信用之间的正相关关系加强，市场地位有助于企业缓解其融资约束；但在融资约束低的企业中，这种影响不显著。

MODEL2 以企业获得的商业信用净额（NCR）为因变量，表 4 - 11 的结果显示，在融资约束高的样本组，市场地位与企业战略的交叉项系数为 0.004，在 1%水平上显著为正；而在融资约束低的样本组，市场地位与企业战略的交叉项系数为 0.001，但不显著，这说明在融资约束高的企业中，企业的市场地位越高，企业战略越激进，获得的商业信用净额越多，市场地位有助于企业缓解其融资约束；但在融资约束低的企业中，企业的市场地位对进攻型企业与商业信用之间的正相关关系的影响不显著。结论同上，从而论证了假设 2：相对于无融资约束的企业来说，面临融资约束的企业，其市场地位越高，企业战略、市场地位与商业信用之间的正相关关系越强。

表 4-11　企业战略、市场地位与商业信用（按利息保障倍数分组）

	MODEL1（AP）		MODEL2（NCR）	
	融资约束高	融资约束低	融资约束高	融资约束低
STRA	0.015*	0.040***	0.019**	0.039***
	(1.725)	(4.059)	(2.208)	(3.972)
MP	0.074	0.187**	0.115**	0.194**
	(1.538)	(2.252)	(2.390)	(2.365)
MP * STRA	0.004***	0.001	0.004***	0.001
	(3.92)	(0.971)	(3.803)	(0.580)
SIZE	0.015***	0.022***	0.013***	0.021***
	(4.181)	(5.484)	(3.706)	(5.145)
AGE	−0.007	−0.048**	−0.005	−0.050**
	(−0.501)	(−2.333)	(−0.332)	(−2.504)
CFO	0.160***	0.147***	0.165***	0.145***
	(9.971)	(7.930)	(10.273)	(7.915)
ROA	−0.184***	−0.051	−0.183***	−0.045
	(−9.448)	(−1.505)	(−9.430)	(−134 1)
LIQ	0.014	0.04***	−0.009	0.041***
	(1.331)	(2.871)	(0.904)	(2.957)
AR	0.245***	0.243***	−0.746***	−0.760***
	(13.010)	(11.837)	(−39.728)	(−37.468)
BANK	−0.036	−0.019	−0.028	−0.019
	(1.756)	(−1.075)	(1.358)	(−1.108)
年度效应	控制	控制	控制	控制
公司固定效应	控制	控制	控制	控制
R^2	0.156	0.154	0.520	0.546
F 值	34.616***	30.200***	204.980***	200.170***
观测值	3 205	2 955	3 205	2 955

3. 假设 3

本书对假设 3 采用基于面板数据的固定效应模型进行分组检验，按照市场竞争程度高低进行分组，来分析企业战略、市场地位与商业信用之间的关系在市场竞争程度不同时的变化。结果见表 4 - 12 和表 4 - 13。

表 4 - 12 是按赫芬达指数（HHI）将样本分为行业竞争程度高和行业竞争程度低两组进行检验，结果发现 MODEL1 以企业获得的商业信用融资总额 AP 为因变量时，在行业竞争程度高的那一组样本中，市场地位与企业战略的交叉项系数 0.004 在 1%水平上显著为正；而在行业竞争程度低的样本组中，交叉项系数 0.003 在 5%水平上显著为正。这说明无论是在行业竞争程度高还是产品市场竞争程度低的企业中，企业市场地位越高，企业战略与商业信用之间的正相关关系都显著增强。本书采用 Chow 检验对 MODEL1 中两个交叉项系数差异进行比较，来确认行业竞争程度对企业战略、市场地位与商业信用之间关系的影响。结果发现，行业竞争程度高样本组中市场地位与企业战略的交叉项系数显著大于行业竞争程度低样本组（即 0.004>0.003）。

MODEL2 以企业获得的商业信用净额（NCR）为因变量，检验结果发现市场地位与企业战略的交叉项系数在行业竞争程度高的那一组样本中为 0.003，在 1%水平上显著为正；在行业竞争程度低的样本组中，交叉项系数为 0.002，在 5%水平上显著为正。这说明无论是在行业竞争程度高还是产品市场竞争程度低的企业中，企业市场地位越高，企业战略与商业信用之间的正相关关系都显著增强。为了确认行业竞争程度的差异对企业战略、市场地位与商业信用三者之间关系的影响，本书采用 Chow 检验对 MODEL1 中两个交叉项系数差异进行了比较，结果发现行业竞争程度高样本组中市场地位与企业战略的交叉项系数显著大于行业竞争程度低样本组（即 0.003>

0.002)，假设 3 得证。

表 4-12　企业战略、市场地位与商业信用（按赫芬达指数分组）

	MODEL1（AP）		MODEL2（NCR）	
	产品市场竞争程度高	产品市场竞争程度低	产品市场竞争程度高	产品市场竞争程度低
STRA	0.002	0.032***	0.004	0.033***
	(0.356)	(3.406)	(0.763)	(3.465)
MP	0.573**	0.039	0.567***	0.061
	(6.985)	(0.853)	(6.96)	(1.326)
MP * STRA	0.004***	0.003**	0.003***	0.002*
	(4.792)	(2.320)	(4.398)	(1.930)
SIZE	0.017***	0.011***	0.016***	0.01***
	(7.942)	(3.095)	(7.248)	(2.757)
AGE	−0.001	0.060	0.001	0.003
	(−0.120)	(0.350)	(0.094)	(0.178)
CFO	0.119***	0.192***	0.117***	0.201***
	(10.885)	(11.201)	(10.754)	(11.712)
ROA	−0.105***	−0.238***	−0.100***	−0.240***
	(−7.545)	(−9.745)	(−7.211)	(−9.832)
LIQ	0.004	0.029**	−0.004	0.028*
	(0.569)	(2.436)	(−0.454)	(2.342)
AR	0.255***	0.215***	−0.736***	−0.77***
	(20.755)	(10.64)	(−60.298)	(−38.034)
BANK	−0.041***	−0.067***	−0.04***	−0.069***
	(−4.205)	(−3.956)	(−4.160)	(−4.066)
年度效应	控制	控制	控制	控制
公司固定效应	控制	控制	控制	控制
R^2	0.131	0.144	0.496	0.527
F 值	75.27***	30.756***	490.126***	202.49***
观测值	6 655	2 551	6 655	2 551
Chow 检验	0.003***	0.004***		

表 4-13 是按熵指数（EI）将样本分为行业竞争程度高和行业竞争程度低两组进行检验，结果发现 MODEL1 以企业获得的商业信

用融资总额AP为因变量时，在行业竞争程度高的那一组样本中，市场地位与企业战略的交叉项系数0.003在1%水平上显著为正；而在行业竞争程度低的样本组中，交叉项系数0.002在5%水平上显著为正。这说明无论是在行业竞争程度高还是产品市场竞争程度低的企业中，企业市场地位越高，企业战略与商业信用之间的正相关关系都显著增强。本书采用Chow检验对MODEL1中两个交叉项系数差异进行比较，来确认行业竞争程度对企业战略、市场地位与商业信用三者之间关系的影响，结果发现行业竞争程度高样本组中市场地位与企业战略的交叉项系数显著大于行业竞争程度低样本组（即0.003>0.002)。

MODEL2以企业获得的商业信用净额（NCR）为因变量，结果显示市场地位与企业战略的交叉项系数在行业竞争程度高的那一组样本中为0.003，在1%水平上显著为正；在行业竞争程度低的样本组中，市场地位与企业战略的交叉项系数为0.002，在10%水平上显著为正。这说明无论是在行业竞争程度高还是产品市场竞争程度低的企业中，企业市场地位越高，企业战略与商业信用之间的正相关关系都显著增强。为了确认行业竞争程度的差异对企业战略、市场地位与商业信用之间的关系的影响，本书采用Chow检验对MODEL1中两个交叉项系数差异进行了比较，结果发现行业竞争程度高样本组中市场地位与企业战略的交叉项系数显著大于行业竞争程度低样本组（即0.003>0.002)，假设3得证。

表4-13　企业战略、市场地位与商业信用（按熵指数分组）

	MODEL1（AP）		MODEL2（NCR）	
	产品市场竞争程度高	产品市场竞争程度高低	产品市场竞争程度高	产品市场竞争程度低
STRA	0.004	0.022**	0.006	0.023**
	(0.715)	(2.156)	(1.114)	(2.285)

续表

	MODEL1（AP）		MODEL2（NCR）	
	产品市场 竞争程度高	产品市场 竞争程度高低	产品市场 竞争程度高	产品市场 竞争程度低
MP	0.397***	0.028	0.389***	0.063
	(4.689)	(0.622)	(4.635)	(1.383)
MP * STRA	0.003***	0.002**	0.003***	0.002*
	(4.405)	(2.079)	(3.989)	(1.790)
SIZE	0.017***	0.028***	0.015***	0.027***
	(7.764)	(7.308)	(7.078)	(6.797)
AGE	−0.003	0.007	−0.001	0.003
	(−0.249)	(0.375)	(−0.022)	(0.139)
CFO	0.127***	0.184***	0.125***	0.192***
	(11.674)	(10.236)	(11.558)	(10.626)
ROA	−0.109***	−0.233***	−0.104***	−0.239***
	(−7.862)	(−9.377)	(−7.511)	(−9.538)
LIQ	0.001	0.034**	−0.002	0.032**
	(0.118)	(2.607)	(−0.250)	(2.416)
AR	0.265***	0.221***	−0.726***	−0.776***
	(21.761)	(9.830)	(−60.179)	(−34.371)
BANK	−0.038***	−0.062***	−0.038***	−0.061***
	(−4.026)	(−3.488)	(−3.994)	(−3.43)
年度效应	控制	控制	控制	控制
公司固定效应	控制	控制	控制	控制
R^2	0.131	0.162	0.500	0.506
F值	74.405***	33.34***	493.64***	171.2***
观测值	6 790	2 416	6 790	2 416
Chow检验	0.053*			0.059*

4. 假设4

本书对假设4采用控制行业和年度的线性回归模型进行检验，来分析调节变量“市场地位”对企业战略和企业债务融资之间关系的影响，结果见表4-14。其中，MODEL1以商业信用占企业债务融资的比重为因变量，表 4-14 的结果显示，企业战略（STRA）系数为 0.035，在 1%水平上显著为正，这说明企业战略越激进，越倾向于选择融资成本较低的商业信用作为债务融资方式。市场地位（MP）的系数为 0.562，在 1%水平上显著为正，这说明企业的市场地位越高，越倾向于选择融资成本较低的商业信用作为企业债务融资方式。市场地位与企业战略的交叉项系数 0.018 在 1%水平上显著为正，这说明企业市场地位越高，企业战略与企业债务融资之间的正相关关系显著增强，企业越倾向于选择融资成本较低的商业信用来满足其融资需求。

MODEL2 以商业信用占企业短期债务融资的比重为因变量，企业战略（STRA）系数为 0.019，在 10%水平上显著为正，这说明企业战略越激进，越倾向于选择融资成本较低的商业信用作为债务融资方式。市场地位（MP）的系数为 0.281，在 1%水平上显著为正，这说明企业的市场地位越高，越倾向于选择融资成本较低的商业信用作为企业债务融资方式。市场地位与企业战略的交叉项系数 0.009 在 1%水平上显著为正，这说明企业市场地位越高，企业战略与企业债务融资之间的正相关关系显著增强，企业越倾向于选择融资成本较低的商业信用来满足其融资需求，从而论证了假设 4。

其他控制变量中，现金充足率（FINANCE）、第一大股东持股比率（TOP1）的回归系数均显著为正，说明企业现金充足率越高、第一大股东持股比例越高，企业的债务融资结构中，商业信用所占的比重越大。公司规模（SIZE）、资产负债率（LEV）、企业的盈利能力（ROA）的回归系数显著为负，说明企业规模越大、资产负债率越高、盈利能力越强，企业的债务融资结构中，商业信用所占的比重越小，银行借款所占的比重越大。控制变量中的地区金融市场发展水平（INDEX）与企业债务融资方式的回归系数不显著。

表 4-14　企业战略、市场地位与企业债务融资方式

	MODEL1（DST1）	MODEL2（DST2）
STRA	0.035*** (2.913)	0.019* (1.586)
MP	0.562*** (6.426)	0.281*** (3.238)
MP * STRA	0.018*** (7.297)	0.009*** (3.808)
SIZE	−0.025*** (−5.697)	0.007 (1.483)
FINANCE	0.01*** (6.878)	0.09*** (5.858)
LEV	−0.614*** (−30.34)	−0.578*** (−28.808)
ROA	−0.388*** (6.172)	0.324*** (5.2)
TOP1	0.077*** (3.562)	0.069*** (3.243)
INDEX	0.001 (0.314)	−0.001 (−1.154)
年度	控制	控制
行业	控制	控制
R^2	0.391	0.227
观测值	5 903	5 009

4.4.4　稳健性测试

1. 解释变量市场地位的度量

为保持结果的稳健性，本书借鉴谈多娇（2010）、张会丽和吴有红（2012）的方法，分别采用市场势力和产品市场竞争优势来界定企业的市场地位。市场势力是指企业的市场份额增长率（MS），是一个连续变量。产品市场竞争优势（MPL）是经行业调整的企业净资产收益率（ROE），净资产收益率（ROE）大于行业平均值的企业，MPL=1，表示企业市场地位较高；净资产收益率（ROE）小于等于行业平均值的企业，MPL=0，表示企业市场地位较低。

本书对假设1采用基于面板数据的固定效应模型进行检验，来分析调节变量"市场地位"对企业战略和商业信用之间关系的影响，表4-15和表4-16是将模型（4-1）中的市场地位分别用"市场势力"和"产品市场竞争优势"替换后所得到的实证检验结果。表4-17是将模型（4-2）中的市场地位"产品市场竞争优势"替换后所得到的实证检验结果。

表4-15是以市场势力衡量企业的市场地位所得到的结果。其中，MODEL1以企业获得的商业信用融资总额为因变量，结果显示市场地位与企业战略的交叉项系数为0.002，在1%水平上显著为正，这说明企业市场地位越高，进攻型企业与商业信用融资的正相关关系显著增强。MODEL2以企业获得的商业信用净额为因变量，结果显示市场地位与企业战略的交叉项系数为0.002，在1%水平上显著为正。结论同上，从而论证了假设1。

表4-15　模型（4-1）的稳健性测试：以市场势力（MS）衡量市场地位

	MODEL1 AP	MODEL2 NCR
STRA	0.001 (0.142)	0.002 (0.401)
MS	0.005*** (5.951)	0.005*** (5.968)
MS * STRA	0.002*** (6.68)	0.002*** (6.808)
SIZE	0.019*** (10.689)	0.017*** (9.807)
AGE	0.005 (0.58)	0.006 (0.663)
CFO	0.143*** (15.47)	0.143*** (15.584)

续表

	MODEL1 AP	MODEL2 NCR
ROA	−0.151*** (−12.456)	−0.148*** (−12.274)
LIQ	0.019*** (2.931)	0.017*** (2.7)
AR	0.239*** (23.089)	−0.752*** (−73.078)
BANK	−0.042*** (−5.135)	−0.043*** (−5.191)
年度效应	控制	控制
公司固定效应	控制	控制
R^2	0.134	0.502
F 值	108.49***	705.91***
观测值	9 203	9 203

表 4-16 是以产品市场竞争优势衡量企业的市场地位所得到的结果。其中，MODEL1 以企业获得的商业信用融资总额为因变量，检验结果发现市场地位与企业战略的交叉项系数为 0.003，在 1%水平上显著为正，这说明企业市场地位越高，进攻型企业与商业信用融资的正相关关系显著增强。MODEL2 以企业获得的商业信用净额为因变量，检验结果发现市场地位与企业战略的交叉项系数为 0.003，在 1%水平上显著为正。结论同上，从而论证了假设 1。

表 4-16　模型（4-1）的稳健性测试：以产品市场竞争优势（MPL）衡量市场地位

	MODEL1 AP	MODEL2 NCR
STRA	0.011** (2.234)	0.012** (2.543)
MPL	0.016** (2.129)	0.016** (2.166)
MPL * STRA	0.003*** (6.765)	0.003*** (6.67)

续表

	MODEL1 AP	MODEL2 NCR
SIZE	0.022*** (13.195)	0.021*** (12.305)
AGE	0.003 (0.295)	0.003 (0.374)
CFO	0.145*** (15.626)	0.145*** (15.749)
ROA	−0.2*** (−9.464)	−0.196*** (−9.356)
LIQ	0.018*** (2.749)	0.016*** (2.519)
AR	0.245*** (23.69)	−0.745*** (−72.425)
BANK	−0.042*** (−5.06)	−0.042*** (−5.105)
年度效应	控制	控制
公司固定效应	控制	控制
R^2	0.127	0.497
F 值	101.83***	693.76***
观测值	9 206	9 206

表 4－17 是以产品市场竞争优势作为企业市场地位的替代变量所得到的结果。从表中的结果可知，MODEL1 以商业信用占企业债务融资的比重为因变量时，市场地位与企业战略的交叉项系数 0.011 在 1%水平上显著为正，这说明企业市场地位越高，企业战略与企业债务融资之间的正相关关系显著增强，企业越倾向于选择融资成本较低的商业信用来满足其融资需求。

MODEL2 以商业信用占企业短期债务融资的比重为因变量，市场地位与企业战略的交叉项系数 0.009 在 1%水平上显著为正，这说明企业市场地位越高，企业战略与企业债务融资之间的正相关关系显著增强，企业越倾向于选择融资成本较低的商业信用来满足其融资需求，从而论证了假设 4。

市场地位与企业战略的交叉项系数为 0.01，在 1%水平上显著为正，这说明企业市场地位越高，进攻型企业越倾向于选择融资成本较低的商业信用来满足其融资需求。结论依然成立。

表 4-17　模型 4-2 的稳健性测试：以产品市场竞争优势（MPL）衡量市场地位

	MODEL1（DST1）	MODEL2（DST2）
STRA	0.019 (1.518)	0.00 (0.381)
MPL	−0.287*** (−6.631)	−0.253*** (−6.282)
MPL * STRA	0.011*** (4.753)	0.01*** (4.813)
SIZE	0.003 (0.924)	0.021*** (6.448)
FINANCE	0.01*** (6.85)	0.009*** (5.764)
LEV	−0.585*** (−29.115)	−0.564*** (−28.447)
ROA	0.842*** (7.301)	0.681*** (6.084)
TOP1	0.086*** (3.981)	0.071*** (3.369)
INDEX	0.001 (0.682)	−0.001 (−1.054)
年度	控制	控制
行业	控制	控制
R^2	0.227	0.227
观测值	5 903	5 909

2. 内生性问题

本书的主模型采用的是基于面板数据的固定效应模型，能在一定程度上缓解遗漏变量偏误问题。为了进一步控制内生性问题，本书参考张杰等（2013）的方法，将所有控制变量均滞后一期，结果见表4-18。MODEL1以企业获得的商业信用融资总额为因变量时，市场地位与企业战略的交叉项系数0.005在1%水平上显著为正，这说明企业市场地位越高，进攻型企业与商业信用融资的正相关关系显著增强。MODEL2以企业获得的商业信用净额为因变量时，市场地位与企业战略的交叉项系数为0.002，在5%水平上显著为正，结论依然成立。

表4-18　稳健性检验：将所有控制变量滞后一期

	MODEL1 AP	MODEL2 NCR
STRA	0.018** (3.448)	0.014** (2.096)
MP	0.375*** (7.755)	0.113* (1.762)
MP * STRA	0.005*** (7.058)	0.002** (2.001)
Lag（SIZE）	0.006*** (3.062)	0.011*** (3.935)
Lag（AGE）	0.001 (0.04)	−0.003 (−0.211)
Lag（CFO）	0.066*** (6.867)	0.059*** (4.678)
Lag（ROA）	−0.107*** (−7.855)	−0.094*** (−5.179)
Lag（LIQ）	0.015*** (2.125)	−0.147 (−1.56)
Lag（AR）	0.109*** (9.972)	−0.199*** (−13.638)
Lag（BANK）	−0.02*** (−2.249)	0.028** (2.316)
年度效应	控制	控制
公司固定效应	控制	控制
R^2	0.047	0.054
F 值	34.135***	36.731***
观测值	9 260	8 735

4.5　研究结论与启示

市场地位是影响企业商业信用的重要的微观特征，本书基于沪深两市 2011—2016 年 A 股上市公司的样本，探讨了市场地位这个调节变量分别对“企业战略与商业信用”“企业战略与债务融资”之间关系的影响。检验结果发现：

(1) 市场地位越高，企业战略与商业信用之间的正相关关系越强。在企业债务融资方式的选择上，给定企业的债务结构，市场地位越高，战略越激进的企业越倾向于选择融资成本较低的商业信用作为其债务融资方式。

本章的研究结论深化了企业战略与企业债务融资实践、商业信用存在机理的相关讨论，有利于客观、全面地认识我国上市公司债务融资过程中的内在逻辑机理，具有很强的理论和实践意义。

(2) 本章按照融资约束程度和市场竞争程度对样本进行分组后发现，融资约束高的样本中，企业市场地位越高，企业战略与商业信用之间的正相关关系显著增强。而在融资约束低的样本组中，市场地位对企业战略与商业信用之间的正相关关系的影响不显著。对所处行业竞争程度高的企业，其市场地位越高，获得的商业信用越多。

这说明商业信用通过缓解企业的融资约束，可以实现资源的有效配置，从而解决金融体系中资金分配效率低下的问题，证实了非正规的融资方式——商业信用对于金融体系的有益补充作用。

本章通过引入市场地位作为调节变量，从企业战略和市场地位的角度证实了商业信用的买方市场理论，这说明我国金融体系的信贷分配效率依然比较低，政府和金融机构应该设定各项法律、政策和制度措施，着力改善信贷资源的配置效率，以充分发挥金融市场对中国经济发展的推动作用。

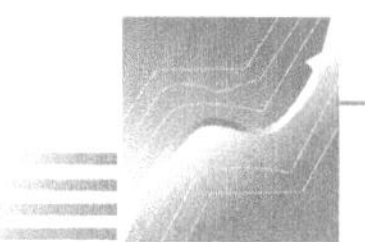

第5章　企业战略、货币政策与商业信用

5.1　引言

近年来，无论是在国际上，还是国内学术界，宏观经济政策对微观企业行为的影响研究都越来越多。在第3章的进一步研究中通过中介效应检验发现企业战略通过融资需求影响商业信用。而在第4章，本书通过市场地位这个调节变量，发现市场地位对企业所采取的战略类型与商业信用之间的正相关关系有显著影响。无论是融资需求，还是企业所处的市场地位，都是与企业自身状况相关的微观方面的特征，而企业处在一定的宏观经济环境下，外部经济环境必然会对企业的微观行为产生影响。那么接下来本书要分析的就是宏

观经济政策中的货币政策是如何影响企业所采取的战略类型与商业信用之间的关系的。

货币政策对企业的投资、筹资和现金持有状况有显著的影响（陆正飞等，2009；祝继高和陆正飞，2009），其目的是通过调节经济运行中的资金量来调节经济发展速度。作为国家调控宏观经济的重要手段，货币政策通过多种渠道影响实体经济，最主要的渠道有货币渠道和信贷渠道。无论是货币渠道，还是信贷渠道，最终都是通过改变企业的融资成本和融资规模来影响企业的投资行为（陆正飞和杨德明，2011）。Meltzer（1960）在其开创性的研究中发现，商业信用与货币政策有着非常密切的联系。

当国家实行宽松的货币政策时，市场上整体的货币供应量增加，企业使用资金的成本降低，可以起到在经济不景气时促进经济发展的作用。反之，紧缩的货币政策是通过各种手段减少市场上的货币供应量，企业信贷融资额度大幅度下降（叶康涛和祝继高，2009），企业的融资成本提高，融资规模受到限制。由于进攻型企业战略与防御型企业战略相比，无论是研发支出，还是市场开拓和营销支出都比较大，因而融资需求也比较大。当进攻型企业处于货币政策宽松时期时，由于市场上的货币投放量增加，银行信贷规模增加，融资成本降低，商业信用的供给增加；反之，当进攻型企业处于货币政策紧缩时期时，由于社会资金供应量减少，企业信贷融资额度大幅度下降，融资成本提高，商业信用的供给减少。

与国外的融资环境不同，我国股票市场和公司债券市场发展不够完善，企业获取资金的主要来源是银行贷款。但特定的制度背景导致我国银行信贷资源的配置存在着较强的所有制歧视，国有控股的大中型商业银行控制着大量的信贷资源，存在明显的“信贷歧视”行为（陆正飞等，2009；王彦超，2014）。无论是财务上还是政治上，国有企业都比非国有企业得到的政府支持更多（Qian，1994），国有企业享受的信贷优惠政策也更多，获得的银行贷款的金额与期限都比非国有企业要高（江伟和李斌，2007）。特别是在货币政策紧缩时期，银行信贷资源稀缺的情况下，国有上市公司仍然能从银行获得较大规模的长期贷款，甚至贷款规模能保持较快的增长（陆正飞等，2009），信贷配给和信贷歧视更加明显。虽然在货币政策紧缩时期，企业对现金的需求会随之提高（祝继高和陆正飞，2010），但由于我国特殊的制度环境所导致的信贷歧视现象在货币政策紧缩时期更严重，不同产权性质的企业在银行信贷方面所受到的冲击不同，相应的商业信用在不同产权性质的企业间所受到的影响也不同。对国有企业而言，货币政策紧缩时期，由于其可获得的银行贷款比非国有企业受到的冲击要小，因此融资需求受货币政策的影响比非国有企业要小。而对非国有企业而言，在货币政策紧缩时期，由于所能获得的银行贷款少很多，更多地将商业信用作为银行贷款的替代性融资方式（饶品贵和姜国华，2013）。

在第 4 章，本书通过市场地位这个调节变量，发现市场地位对企业战略与商业信用之间的正相关关系有显著影响。当企业存在较强的融资需求时，可凭借其较高的市场地位，采取威胁更换供应商和销售商等方式来强迫供应链上下游提供商业信用，从而获取较多的商业信用，满足其融资需求。Smith（1958）发现，与大企业相比，小企业在紧缩的货币政策时期所受的影响更大。Nilsen（2002）发现企业在货币政策紧缩时期由于获得的银行信贷规模下降，融资不足，会通过商业信用获得资金，缓解融资需求。陆正飞和杨德明（2011）研究发现，企业在货币政策紧缩时期，银行信贷的规模下降，商业信用的大量存在符合商业信用的替代性融资理论；而在货币政策宽松时期，企业获取银行信贷较为容易的情况下，商业信用仍然大量存在，是因为买方的强势地位，符合商业信用的买方市场理论。这说明企业的市场地位在货币政策宽松时期和紧缩时期对企

业获取商业信用所起的作用不一样。

基于上述分析，本书以 2007—2016 年中国 A 股上市公司为研究样本，探讨了货币政策对企业战略和商业信用之间正相关关系的调节作用。研究发现，与货币政策宽松时期相比，企业在货币政策紧缩时期，企业战略与商业信用的正相关关系减弱。通过按企业性质进行分组检验发现，这种减弱的效应只存在于国有企业中。另外，本书还通过货币政策的分组检验发现，在货币政策紧缩时期，企业的市场地位越高，企业战略激进度与商业信用的正相关关系越强。

本书的贡献主要体现为：

（1）通过引入货币政策作为宏观因素方面的调节变量，检验了货币政策对企业战略与商业信用之间关系的影响，拓宽了企业战略在宏观经济政策中的研究。

（2）结合企业产权性质，研究我国特有的制度背景下，不同产权性质的企业，在不同的货币政策时期实行不同的企业战略对商业信用的影响，有利于进一步认识我国不同产权性质的企业在债务融资方面的选择，进一步丰富了商业信用的已有研究。

（3）结合影响商业信用的微观因素（市场地位）和宏观因素（货币政策），进一步研究企业在不同货币政策时期以及所处市场地位不同时，其对企业战略和商业信用关系的影响，有效拓展了宏观经济政策与微观企业行为相结合的研究范畴。

5.2　理论分析与研究假设

5.2.1　企业战略、货币政策与商业信用

任何企业都处在大的宏观经济环境下，一旦宏观经济政策发生变化，相应的企业决策行为也会发生一系列变化。无论是在国际上，

还是国内学术界，宏观经济政策对微观企业行为的影响研究都越来越多。由第 3 章进一步研究的中介效应检验结果可知，企业战略通过融资需求这个中介变量影响商业信用。企业采取不同的战略类型，融资需求也不一样，进而对商业信用的需求也不一样。进攻型企业的融资需求显著高于防御型企业，其对商业信用的需求显著高于防御型企业。但从商业信用供给的角度来看，除了企业市场地位等与企业自身生产经营情况有关的因素外，外部经济环境尤其是货币政策，会对商业信用的供给产生重要影响。

货币政策对企业的投融资决策和现金持有状况有显著的影响（陆正飞等，2009；祝继高和陆正飞，2009），其目的是通过调节经济运行中的资金量来调节经济发展速度。作为国家调控宏观经济的重要手段，货币政策通过多种渠道影响实体经济，最主要的渠道有货币渠道和信贷渠道。无论是货币渠道还是信贷渠道，最终都是通过改变企业的融资成本和融资规模来影响企业的投资行为（陆正飞和杨德明，2009）。

宽松的货币政策总的来说就是增加市场上的货币供应量，一般通过直接发行货币，在公开市场上购买有价证券等手段增加货币投放量，或通过降低存款准备金率，降低再贴现率等，增加银行的可贷资金；由于市场货币供应量增加，企业使用资金的成本降低，可以起到在经济不景气时促进经济发展的作用。反之，当人民银行紧缩银根，提高存款准备金率、基准利率或再贴现率等时，一方面使得银行可提供的信贷资源下降，另一方面也会影响商业银行的负债业务，导致商业银行获得的存款减少，从而使得社会资金供应量减少，企业信贷融资额度大幅度下降（叶康涛和祝继高，2009）。企业信贷额度大幅度下降后，贷款利率会上升，企业的融资成本也上升了，融资规模受到限制。

进攻型企业战略与防御型企业战略相比，无论是研发支出，还

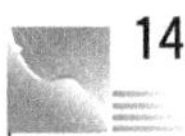

是市场开拓和营销支出都比较大，因而融资需求也比较大。当进攻型企业处于货币政策宽松时期时，由于市场上的货币投放量增加，银行信贷规模增加，融资成本降低，从商业信用的供给来看，处于供应链上下游的供应商和客户相应可提供的商业信用增加，企业获得的商业信用也会增加；反之，当进攻型企业处于货币政策紧缩时期时，由于社会资金供应量减少，企业信贷融资额度大幅度下降（叶康涛和祝继高，2009），企业的融资成本提高，供应商和客户相应可提供的商业信用减少，与货币政策宽松时期相比，企业获得的商业信用要少。由此提出假设 1：

H1：与货币政策宽松时期相比，企业在货币政策紧缩时期，企业战略与商业信用的正相关关系减弱。

5.2.2　企业战略、货币政策、企业性质与商业信用

与国外的融资环境不同，我国股票市场和公司债券市场发展不够完善，企业获取资金的主要来源是银行贷款。但特定的制度背景导致我国银行信贷资源的配置存在着较强的所有制歧视，控制着大量的信贷资源，对不同性质的企业存在明显的信贷歧视（王彦超，2014；陆正飞等，2009）。无论是财务上还是政治上，国有企业都比非国有企业得到的政府支持更多（Qian，1994），国有企业享受的信贷优惠政策也更多，获得的银行贷款的金额与期限都比非国有企业要高（江伟和李斌，2007）。特别是在货币政策紧缩时期，银行信贷资源稀缺的情况下，国有上市公司仍然能从银行获得较大规模的长期贷款，甚至贷款规模能保持较快的增长（陆正飞等，2009），信贷配给和信贷歧视更加明显。对此，饶品贵和姜国华（2013）以我国上市公司的产权性质分组，分别研究货币政策宽松时期和紧缩时期，其对银行信贷和商业信用之间关系的影响。结果表明，在货币政策紧缩时期，非国有企业比国有企业所能获得的银行贷款少很多，更

多地将商业信用作为银行贷款的替代性融资方式。由此可见，在我国特殊的制度背景下，不同产权性质的企业在不同的货币政策时期，对银行借款和商业信用的获取影响是不同的。

尽管货币政策紧缩时期由于货币供应量减少，企业融资约束增强，对现金的需求也会随之提高（祝继高和陆正飞，2010），但在货币政策紧缩时期，我国特殊的制度环境所导致的信贷歧视现象更加明显，商业信用和银行信贷在不同产权性质的企业中所受到的影响也会不同。我们知道，商业信用是供给和需求共同作用下的一种均衡（Ge and Qiu，2007）。在货币政策紧缩时期，从商业信用的需求来看，虽然整体信贷资源下降，融资需求增加，但国有企业可获得的银行贷款比非国有企业多，因此对国有企业来说，融资需求受货币政策的影响比非国有企业要小。从商业信用的供给来看，货币政策紧缩导致货币供给量减少，供应商和客户可提供的商业信用也随之减少，因此本书预期，对国有企业来说，在货币政策紧缩时期，由于国有企业可获得的银行贷款规模受到的冲击较小，对商业信用的需求相对来说变化不大，但由于商业信用的供给减少，相应可获得的商业信用也会减少。而对非国有企业来说，货币政策紧缩时期可获得的银行贷款大幅降低，对商业信用的需求会更高（饶品贵和姜国华，2013），但紧缩的货币政策使得商业信用的供给减少，两者相抵后的影响无法给出方向性的判断。由此提出本书的假设 2：

H2：在货币政策紧缩时期，企业战略与商业信用正相关关系减弱的效应仅存在于国有企业。

5.2.3 企业战略、货币政策、市场地位与商业信用

货币政策与商业信用之间的关系，最早可以追溯到 20 世纪 60 年代 Meltzer（1960）对商业信用所做的开创性的经验研究。货币政策通过调节经济运行中的资金量来调节经济发展速度，是国家调控

宏观经济的重要手段，但企业作为微观个体，当货币政策发生变化时，可能会通过融资方式的调整来应对，所以货币政策的执行效果与企业根据市场条件变化所做的反应程度密切相关。Smith（1958）发现，与大企业相比，小企业在紧缩的货币政策时期所受的影响更大。Meltzer（1960）在随后的研究中开创性地发现，货币政策紧缩时期由于货币供应量减少，银行收缩信贷资源，提高信贷门槛，企业获得的银行信贷减少，这时商业信用作为银行信贷的替代性融资方式变得更加重要。同时Meltzer（1960）发现，在货币政策紧缩时期，大企业通过延长小企业的付款时间和付款金额，为小企业提供商业信用支持，因此商业信用的存在一定程度上削弱了货币政策的效果。Nilsen（2002）验证了货币政策的信贷传导机制，并通过实证分析发现企业在货币紧缩时期获得的银行信贷下降时，会通过商业信用增加融资。陆正飞和杨德明（2011）研究发现，企业在货币政策紧缩时期，银行信贷的规模下降，商业信用的大量存在符合商业信用的替代性融资理论；而在货币政策宽松时期，企业获取银行信贷较为容易的情况下，商业信用仍然大量存在，是因为买方的强势地位，符合商业信用的买方市场理论。这说明企业的市场地位在货币政策的不同时期对企业获取所需的商业信用所起的作用是不一样的。

在货币政策宽松时期，由于市场上的货币投放量增加，银行信贷规模增加，融资成本降低，无论是银行贷款还是商业信用的获取，都相对较为容易，且获取成本更低，此时企业所处的市场地位对商业信用的影响不大。但在货币政策紧缩时期，由于社会资金供应量减少，企业信贷融资额度大幅度下降（叶康涛和祝继高，2009），企业的融资成本提高，供应商和客户相应可提供的商业信用也减少，对进攻型企业来说，由于可获得的银行借款相应减少，作为银行借款的替代性融资方式——商业信用对企业来说就显得尤为重要；此时，如果企业所处市场地位越高，企业越可以凭借其市场地位，强制获取所需的商业信用来满足其融资需求；若企业所处市场地位较低，则获得的商业信用也低。因此，本书提出假设 3：

H3：与货币政策宽松时期相比，企业在货币政策紧缩时期，其市场地位越高，企业战略与商业信用的正相关关系越强。

5.3 研究设计

5.3.1 数据来源和研究样本

为了更好地研究货币政策对企业战略与商业信用之间关系的影响，本书选取了一个相对较长的时间段 2007—2016 年作为样本期，以沪深 A 股的上市公司为样本，全部财务数据来自 CSMAR 数据库。根据证监会发布的《上市公司行业分类索引（2012）》进行行业分类，其中制造业由于包含的企业细类和企业数量较多，采用二级行业代码作为分类标准，其他行业按照一级行业代码作为分类标准。

确定样本区间和行业分类后，按照如下原则对样本做了筛选和进一步处理：（1）剔除了财务数据缺失的上市公司；（2）由于金融类上市公司的规模和经营特征等与其他行业差别较大，按照常规处理，剔除了金融类上市公司；（3）剔除了净资产为负的上市公司；（4）对连续型变量按照 1%和 99%分位数进行缩尾处理。经过筛选，最后样本包括 3 095 家上市公司，22 174 个公司-年度观测值。

本章的数据处理和后续实证分析均采用 R 软件完成，为了让实证结果更稳健，模型回归采用面板数据的固定效应模型处理。

5.3.2 实证模型

1. 模型（5－1）

为了检验假设 1 和假设 2，本书借鉴 Ge and Qiu（2007）、陆正

飞和杨德明（2009）的研究，将实证模型设定为：

$$
\begin{aligned}
CREDIT_{i,t} = & \alpha_1 STRA_{i,t} + \alpha_2 STRA_{i,t} * HB_{i,t} + \alpha_3 SIZE_{i,t} \\
& + \alpha_4 AGE_{i,t} + \alpha_5 CFO_{i,t} + \alpha_6 ROA_{i,t} + \alpha_7 LIQ_{i,t} \\
& + \alpha_8 AR_{i,t} + \alpha_9 BANK_{i,t} + \alpha_i + \lambda_t + \varepsilon_{i,t}
\end{aligned}
\tag{5-1}
$$

模型（5-1）为对面板数据进行分析的固定效应模型，i 代表企业个体；t 表示年度；α_i 和 λ_t 分别表示企业的个体效应和年度效应；$\varepsilon_{i,t}$ 为随机扰动项。因而模型（5-1）能有效控制住不随时间变化同时又无法观察的个体异质性（比如企业地理经济属性、企业文化等）以及不随个体变化同时又无法观察的时间异质性（比如宏观市场经济因素），能在一定程度上缓解遗漏变量偏误问题。

（1）被解释变量。CREDIT 是本书的被解释变量，代表企业获取的商业信用。本书参考 Ge and Qiu（2007）、陆正飞和杨德明（2011）、Coulibaly et al.（2013）、饶品贵和姜国华（2013）的研究，分别从商业信用融资总额和净额来衡量，并以当年总资产标准化：

1）商业信用融资总额（AP）＝应付账款＋应付票据＋预收账款；

2）商业信用融资净额（NCR）＝(应付账款＋应付票据＋预收账款)－(应收账款＋应收票据＋预付账款)。

（2）主要解释变量。假设 1 和假设 2 中的主要解释变量为企业战略（STRA）与货币政策（HB）的交叉项。假设 2 在假设 1 的基础上，将上市公司样本按照业性质分为国有企业和非国有企业两个样本组进行检验。

1）企业战略（STRA）。同第 3 章，企业战略（STRA）为参照 Bentley et al.（2013）、孙健等（2016）的研究，从 6 个维度构造的企业战略得分指标的加总，值越高，说明企业战略越激进；值越低，说明企业战略越保守。与第 3 章不同的是企业战略度量中需要用到的研发支出数据，本书参考叶康涛（2014）的处理方法，用无形资产净值代替。这是因为企业战略是将上述 6 个变量取过去 5 年的平均值得到的，因此要想得到较长期间（2007—2016 年）的企业战略数据，就需要往前倒推 5 年，从 2002 年开始取数，而我国上市公司最早从 2007 年才开始公布研发支出的数据，因此必须寻找相应的变量替代研发支出。本书参考叶康涛（2014）的处理方法，用无形资产净值代替研发支出。

2）货币政策的度量。货币政策从不同角度有多种度量方法，考虑到中国人民银行执行相应的货币政策有多种手段，如控制货币发行量，调节存款准备金率、再贴现率、基准利率等。如果仅凭某一个指标来判断货币政策是紧缩还是宽松是片面的判断，因此，本书参考陆正飞和杨德明（2011）的研究，按照如下公式来估算货币政策：

$$HB=M2\text{ 增长率}-GDP\text{ 增长率}-CPI\text{ 增长率}$$

通过这个公式估算出 2007—2016 年间的货币政策指标值，见表 5-1。

表 5-1　货币政策度量

年份	M2	GDP	CPI	HB	货币政策定义
2007	16.7	14.2	4.8	−2.3	紧缩
2008	17.8	9.7	5.9	2.2	紧缩
2009	28.5	9.4	−0.7	19.8	宽松
2010	19.7	10.6	3.3	5.8	宽松
2011	13.6	9.5	5.4	−1.3	紧缩
2012	13.8	7.9	2.6	3.3	宽松
2013	13.6	7.8	2.6	3.2	宽松
2014	12.2	7.3	2	2.9	紧缩
2015	13.3	6.9	1.4	5	宽松
2016	11.3	6.7	2	2.6	紧缩

其中，2007年、2008年、2011年、2014年和2016年计算出来的货币政策的指标值较小，定义为紧缩的货币政策，令HB=1；而2009年、2010年、2012年、2013年和2015年货币政策的指标值较大，定义为宽松的货币政策，令HB=0。

由于模型（5-1）是基于面板数据的固定效应模型，已经包含了各个年度变量，所以模型中没有加入货币政策本身，主要看企业战略与货币政策的交叉项。

（3）控制变量。控制变量参考张新民等（2012）、陆正飞和杨德明（2011）等的研究，主要包括公司规模（SIZE）、企业年龄（AGE）、经营现金流（CFO）、盈利能力（ROA）、资产流动性（LIQ）、应收账款、银行借款等。

公司规模（SIZE）为企业总资产的自然对数。企业年龄（AGE）为企业成立年数的自然对数。经营现金流（CFO）为企业经营活动所产生的现金流量净额占总资产的比重。资产流动性（LIQ）为流动资产与总资产的比值。盈利能力（ROA）为净利润与总资产的比值。应收账款（AR）为应收账款以当年总资产标准化。银行借款（BANK）为短期借款与长期借款之和占总资产的比重。

2. 模型（5-2）

为了检验假设3，本书借鉴Ge and Qiu（2007）、陆正飞和杨德明（2009）、张新民等（2012）的研究，将实证模型设定为：

$$\begin{aligned} CREDIT_{i,t} = & \alpha_1 STRA_{i,t} + \alpha_2 MP_{i,t} + \alpha_3 STRA_{i,t} * MP_{i,t} \\ & + \alpha_4 SIZE_{i,t} + \alpha_5 AGE_{i,t} + \alpha_6 CFO_{i,t} \\ & + \alpha_7 ROA_{i,t} + \alpha_8 LIQ_{i,t} + \alpha_9 AR_{i,t} \\ & + \alpha_{10} BANK_{i,t} + \alpha_i + \lambda_t + \varepsilon_{i,t} \end{aligned} \tag{5-2}$$

模型（5-2）中的被解释变量和控制变量与模型（5-1）相同，所不同的是模型（5-2）中的主要解释变量为企业战略（STRA）与市场地位（MP）的交叉项。企业战略同上，市场地位的度量方法很多，采用比较多的是与赫芬达指数相一致的方法，根据市场占有率来衡量企业的市场地位。市场占有率为公司的销售收入占整个行业销售收入的比重。该值是一个连续型的变量，需要将其转换为0-1变量。具体方法如下：当该企业某一年度的市场占有率超过行业中所有企业市场占有率的中位数时，表示企业的市场地位较高，MP=1；反之，MP=0，表示企业的市场地位较低。

上述主要变量的符号与定义见表5-2。

表5-2 变量的符号与定义

变量类型	变量名称	符号	变量定义
被解释变量(CREDIT)	商业信用融资总额（来自上下游）	AP	应付票据、应付账款和预收账款之和，除以当年总资产
	商业信用净融资额	NCR	(应付账款+应付票据+预收账款)−(应收账款+应收票据+预付账款)，以当年总资产标准化
解释变量	企业战略	STRA	对企业战略的度量，取值范围为6～60，数值越大，表示企业战略越激进
	货币政策	HB	HB=$M2$增长率−GDP增长率−CPI增长率，当计算得到的HB较小时，定义为紧缩的货币政策，即2007年、2008年、2011年、2014年和2016年，令HB=1；当HB较大时，定义为宽松的货币政策，即2009年、2010年、2012年、2013年和2015年，令HB=0。
	市场地位	MP	企业i年度的销售收入占行业内所有企业的年度销售收入之和的比例
	企业性质		国有，非国有

续表

变量类型	变量名称	符号	变量定义
控制变量	企业规模	SIZE	企业总资产取对数
	企业年龄	AGE	企业成立年数的自然对数
	经营活动现金流量净额	CFO	经营活动产生的现金流量净额占总资产的比例
	企业的盈利能力	ROA	净利润与总资产的比值
	企业资产流动性	LIQ	流动资产与总资产的比值
	应收账款	AR	应收账款，以当年总资产标准化
	银行借款	BANK	短期借款与长期借款之和占总资产的比重

5.4　检验结果与分析

5.4.1　描述性统计

表 5－3 是模型（5－1）中相关变量的描述性统计。从表中各个变量的分布可知，被解释变量商业信用总额（AP）占总资产比例的均值为 16.5%，中位数为 13.4%；商业信用净额（NCR）占总资产比例的均值为－1.5%，中位数为－1.9%，这和刘欢等（2015）的结果类似。但不同公司间存在较明显的差异，获得商业信用比例最小的公司其商业信用仅为总资产的 0.2%，而获得商业信用比例最大的公司其值则高达 60.6%。

表 5－3　主要变量描述性统计特征

变量名	观测数	平均值	标准差	最小值	中位数	最大值
AP	21 150	0.165	0.123	0.002	0.134	0.606
NCR	20 222	−0.015	0.145	−0.436	−0.019	0.453

续表

变量名	观测数	平均值	标准差	最小值	中位数	最大值
STRA	19 852	32.052	7.215	10	32	55
MP	22 152	0.019	0.049	0	0.004	0.428
SIZE	22 174	21.846	1.304	18.343	21.693	26.094
AGE	22 174	2.643	0.430	0	2.708	3.611
CFO	22 174	0.043	0.081	−0.287	0.043	0.326
ROA	22 173	0.040	0.063	−0.590	0.038	0.287
LIQ	22 174	0.569	0.218	0.058	0.586	0.986
AR	20 685	0.179	0.128	0.002	0.156	0.640
BANK	20 828	0.164	0.146	0	0.140	0.629

注：描述性统计基于缩尾后的数据。

解释变量中，企业战略（STRA）的均值为 32.052，标准差为 7.215，说明企业之间战略差异较大，这与孙健等（2016）的研究结果相似。市场地位（MP）的均值为 0.019，最小值为 0，最大值为 0.428，说明市场地位是一个负偏态的分布，大部分公司市场占有率不高，市场较为分散。

另外，控制变量中，公司规模（SIZE）、企业年龄（AGE）、经营活动现金流量净额（CFO）、盈利能力（ROA）、资产流动性（LIQ）等指标的均值分别为 21.846，2.643，0.043，0.04，0.569，且各指标间存在较大差异。

5.4.2 相关性分析

表 5-4 是主要变量的相关系数矩阵，企业战略（STRA）与商业信用（AP）之间显著负相关。市场地位（MP）与商业信用（AP）之间显著正相关，这与张新民（2012）和刘欢（2015）的研究结果类似。

表5-4　主要变量的Pearson相关系数矩阵

	AP	STRA	MP	SIZE	AGE	CFO	ROA	LIQ	AR	BANK
AP	1									
STRA	−0.160	1								
MP	0.107	−0.124	1							
SIZE	0.127	−0.153	0.424	1						
AGE	0.046	0.002	−0.026	0.040	1					
CFO	−0.008	−0.095	0.095	0.036	−0.024	1				
ROA	−0.083	0.026	0.048	−0.025	−0.121	0.324	1			
LIQ	0.333	0.043	−0.047	−0.107	−0.131	−0.192	0.161	1		
AR	0.333	−0.042	−0.062	−0.110	−0.122	−0.193	0.013	0.417	1	
BANK	−0.059	−0.137	0.065	0.131	0.111	−0.149	−0.321	−0.317	−0.109	1

5.4.3　实证结果分析

1. 假设1

对假设1采用基于面板数据的固定效应模型进行检验，来分析调节变量“货币政策”对企业战略和商业信用之间关系的影响，结果见表5-5。其中，MODEL1以企业获得的商业信用融资总额为因变量，结果显示企业战略（STRA）的系数为0.037，1%水平上显著为正，这说明企业战略越激进，获得的商业信用越多；货币政策与企业战略的交叉项系数为−0.01，在1%水平上显著为负，这说明与货币政策宽松时期相比，企业处于货币政策紧缩时期时，企业战略与商业信用总额之间的正相关关系减弱。

MODEL2以企业获得的商业信用净额为因变量，结果显示企业战略（STRA）的系数为0.037，1%水平上显著为正，这说明企业战略越激进，获得的商业信用净额越多；货币政策与企业战略的交叉项系数为−0.009，在1%水平上显著为负，这说明与货币政策宽松时期相比，企业处于货币政策紧缩时期时，企业战略与商业信用净额之间的正相关关系减弱。从而论证了假设1。

表5-5 企业战略、货币政策与商业信用

	MODEL1 AP	MODEL2 NCR
STRA	0.037*** (8.555)	0.037*** (8.855)
HB* STRA	−0.010*** (−2.708)	−0.009*** (−2.604)
SIZE	0.022*** (19.697)	0.022*** (19.446)
AGE	0.022*** (3.372)	0.021*** (3.304)
CFO	0.160*** (23.405)	0.158*** (23.291)
ROA	−0.167*** (−18.062)	−0.161*** (−17.663)
LIQ	0.095*** (19.262)	0.095*** (19.442)
AR	0.190*** (24.568)	−0.800*** (−104.564)
BANK	−0.088*** (−14.647)	−0.086*** (−14.489)
年度效应	控制	控制
公司固定效应	控制	控制
R^2	0.135	0.475
F 值	261.177***	1522.3***
观测值	17 736	17 736

其他控制变量中，公司规模（SIZE）、企业年龄（AGE）、经营现金流（CFO）、资产流动性（LIQ）、应收账款（AR）的回归系数均显著为正，这说明企业规模越大、企业成立的时间越长、企业经营现金流越多、资产流动性越高、应收账款越多，企业获得的商业信用总额越多；银行借款（BANK）的系数−0.088在1%水平上显著为负，这说明银行借款与商业信用之间存在替代关系，这与余明

桂和潘红波（2008）、王彦超和林斌（2008）、石晓军和李杰（2009）的研究结果一致。企业的盈利能力（ROA）、银行借款（BANK）的回归系数显著为负，说明企业盈利能力越强、获得的银行借款越多，企业融资需求相对减少，获得的商业信用总额也减少。

2. 假设 2

对假设 2 采用基于面板数据的固定效应模型进行分组检验，按照企业的产权性质分成国有企业样本组和非国有企业样本组，来分析货币政策在不同产权性质样本组中对企业战略和商业信用之间关系的影响。结果见表 5－6。

表 5－6　企业战略、货币政策与商业信用（按企业性质分组）

	MODEL1（AP）		MODEL2（NCR）	
	国有企业	非国有企业	国有企业	非国有企业
STRA	0.049*** (8.308)	0.031*** (4.897)	0.049*** (8.438)	0.031*** (5.003)
HB＊STRA	−0.013** (−2.572)	−0.006 (−1.191)	−0.012** (−2.373)	−0.006 (−1.185)
SIZE	0.013*** (6.468)	0.023*** (13.741)	0.013*** (6.575)	0.021*** (13.057)
AGE	0.024** (2.214)	0.014* (1.809)	0.024** (2.157)	0.014* (1.724)
CFO	0.170*** (16.077)	−0.173*** (18.55)	0.169*** (15.957)	−0.171*** (18.531)
ROA	−0.205*** (−12.793)	−0.16*** (−11.327)	−0.204*** (−12.76)	−0.157*** (−11.21)
LIQ	0.133*** (15.586)	0.066*** (9.957)	0.132*** (15.478)	0.066*** (9.997)
AR	0.179*** (13.482)	0.160*** (15.621)	−0.818*** (−61.458)	−0.826*** (−81.544)
BANK	−0.119*** (−13.381)	−0.069*** (−7.952)	−0.120*** (−13.554)	−0.067*** (−7.752)
年度效应	控制	控制	控制	控制

续表

	MODEL1（AP）		MODEL2（NCR）	
	国有企业	非国有企业	国有企业	非国有企业
公司固定效应	控制	控制	控制	控制
R^2	0.154	0.109	0.425	0.525
F 值	135.431***	101.253***	549.851***	919.95***
观测值	7 758	9 180	7 758	9 180

表 5－6 的结果显示，MODEL1 以企业获得的商业信用融资总额 AP 为因变量时，在国有企业样本组，企业战略与货币政策的交叉项系数为－0.013，在 5%水平上显著为负；在非国有企业样本组，企业战略与货币政策的交叉项系数为－0.006，但不显著。这说明货币政策对企业战略和商业信用之间关系的影响只存在于国有企业样本组；在非国有企业样本组，货币政策对企业战略和商业信用之间关系的影响不显著。在国有企业样本组，企业战略与商业信用之间的正相关关系，在货币政策紧缩时期由于商业信用供给减少，而融资需求因国有企业银行借款所受冲击较少的情况下而减弱。假设 2 得证。

MODEL2 以企业获得的商业信用融资净额 NCR 为因变量时，在国有企业样本组，企业战略与货币政策的交叉项系数为－0.012，在 5%水平上显著为负；在非国有企业样本组，企业战略与货币政策的交叉项系数为－0.006，但不显著。这说明货币政策对企业战略和商业信用净额之间关系的影响只存在于国有企业样本组；在非国有企业样本组，货币政策对企业战略和商业信用净额之间关系的影响不显著。在国有企业样本组，企业战略与商业信用净额之间的正相关关系，在货币政策紧缩时期由于商业信用供给减少，而融资需求因国有企业银行借款所受冲击较少的情况下而减弱。假设 2 得证。

3. 假设3

对假设3采用基于面板数据的固定效应模型进行检验，表5-7是按货币政策将样本分为紧缩期和宽松期两组进行检验，来分析企业处于不同的货币政策时期，企业所处市场地位不同时，其对企业战略和商业信用之间关系的影响。其中，MODEL1以企业获得的商业信用融资总额为因变量，在货币政策紧缩期，结果显示货币政策与企业战略的交叉项系数为0.007，在1%水平上显著为正；在货币政策宽松期，结果显示货币政策与企业战略的交叉项系数为0.003，在1%水平上显著为正。这说明无论是在货币政策紧缩期还是货币政策宽松期，企业所处的市场地位越高，企业战略与商业信用之间的正相关关系都显著增强。为了比较不同货币政策时期，企业所处市场地位对企业战略与商业信用总额之间关系的影响，本书采用Chow检验对MODEL1中两个企业战略与市场地位的交叉项系数差异进行了比较，结果发现货币政策紧缩时期的样本组，其企业战略与市场地位的交叉项系数显著大于货币政策宽松时期的样本组（即0.007>0.003），假设2得证。

MODEL2以企业获得的商业信用融资净额为因变量，在货币政策紧缩期，结果显示货币政策与企业战略的交叉项系数为0.006，在1%水平上显著为正；在货币政策宽松期，结果显示货币政策与企业战略的交叉项系数为0.002，在1%水平上显著为正。这说明无论是在货币政策紧缩期还是货币政策宽松期，企业所处的市场地位越高，企业战略与商业信用之间的正相关关系显著增强。为了比较不同货币政策时期，企业所处市场地位对企业战略与商业信用总额之间关系的影响，本书采用Chow检验对MODEL1中两个企业战略与市场地位的交叉项系数差异进行了比较，结果发现货币政策紧缩时期的样本组，其企业战略与市场地位的交叉项系数显著大于货币政策宽松时期的样本组（即0.006>0.002），假设2得证。

表 5-7　企业战略、市场地位与商业信用（按货币政策分组）

	MODEL1（AP）		MODEL2（NCR）	
	紧缩期	宽松期	紧缩期	宽松期
STRA	0.029*** (4.522)	0.033*** (5.755)	0.031*** (4.782)	0.033*** (5.866)
MP	0.059 (1.833)	0.059** (1.979)	0.052 (1.627)	0.070** (2.358)
MP * STRA	0.007*** (7.433)	0.003*** (3.962)	0.006*** (7.243)	0.002*** (3.526)
SIZE	0.012*** (6.275)	0.022*** (12.503)	0.012*** (6.349)	0.022*** (12.291)
AGE	0.010 (0.980)	0.035*** (3.654)	0.011 (1.034)	0.033*** (3.440)
CFO	0.158*** (12.507)	0.164*** (17.102)	0.158*** (12.590)	0.158*** (16.614)
ROA	−0.203*** (−12.277)	−0.167*** (−12.674)	−0.199*** (−12.152)	−0.155*** (−11.878)
LIQ	0.011*** (12.800)	0.084*** (12.247)	0.110*** (12.990)	0.082*** (12.116)
AR	0.176*** (13.262)	0.175*** (15.999)	−0.813*** (−61.733)	−0.815*** (−75.110)
BANK	−0.097*** (−9.395)	−0.077*** (−9.100)	−0.094*** (−9.250)	−0.076*** (−9.053)
年度效应	控制	控制	控制	控制
公司固定效应	控制	控制	控制	控制
R^2	0.149	0.132	0.464	0.496
F 值	91.796***	112.528***	454.776***	729.529***
观测值	7 783	9 951	7 783	9 951
Chow 检验	0.331	0.377		

5.4.4　稳健性测试

1. 商业信用的度量

商业信用借鉴张新民等（2012）的研究，以应付账款占总资产的比重为替代变量，重新检验模型（5-1）和模型（5-2），检验结果分别见表 5 - 8 和表 5 - 9。

表 5 - 8　模型（5 - 1）的稳健性检验（以应付账款占总资产的比重衡量商业信用）

	MODEL3（ap）		
	总样本	国有企业	非国有企业
STRA	0.010*** (3.931)	0.015*** (4.175)	0.008** (2.225)
HB * STRA	−0.006*** (−2.718)	−0.006* (−1.939)	−0.005* (−1.694)
SIZE	0.005*** (8.193)	0.006*** (4.631)	0.005*** (5.162)
AGE	0.006 (1.524)	0.019*** (2.815)	−0.001*** (−0.068)
CFO	0.035*** (8.496)	0.037*** (5.659)	0.042*** (7.978)
ROA	−0.067*** (−12.056)	−0.078*** (−7.909)	−0.057*** (−7.161)
LIQ	0.001 (0.468)	0.004 (0.745)	−0.004 (−1.102)
AR	0.158*** (34.131)	0.167*** (20.313)	0.139*** (24.041)
BANK	−0.03*** (−8.473)	−0.041*** (−7.545)	−0.018*** (−3.747)
年度效应	控制	控制	控制
公司固定效应	控制	控制	控制
R^2	0.087	0.082	0.079
F 值	161.618***	66.863***	72.471***
观测值	17 107	7 833	9 274

表 5 - 8 的结果显示，以应付账款占总资产的比重来衡量商业信用时，在总样本中，企业战略（STRA）的系数为 0.01，在 1%水平上显著为正，这说明企业战略越激进，获得的商业信用越多；货币政策与企业战略的交叉项系数为−0.006，在 1%水平上显著为负，这说明与货币政策宽松时期相比，企业处于货币政策紧缩时期时，企业战略与商业信用总额之间的正相关关系减弱。假设 1 的结论依然成立。

按照企业的产权性质分成国有企业样本组和非国有企业样本组，来分析货币政策在不同产权性质样本组中对企业战略和商业信用之间关系的影响。结果显示，在国有企业样本组，以应付账款占总资产的比重来衡量商业信用时，企业战略与货币政策的交叉项系数为－0.006，在10%水平上显著为负；在非国有企业样本组，企业战略与货币政策的交叉项系数为－0.005，在10%水平上显著为负。这说明与货币政策宽松时期相比，企业在货币政策紧缩时期，企业战略和商业信用之间的正相关关系会减弱。国有企业样本组的影响要大于非国有企业样本组。结论依然成立。

表5－9是采用应付账款占总资产的比重来衡量商业信用时，对模型（5－2）按货币政策将样本分为紧缩期和宽松期两组进行检验，来分析企业处于不同的货币政策时期，企业所处市场地位不同时，其对企业战略和商业信用之间关系的影响。表5－9的结果显示，在货币政策紧缩期，货币政策与企业战略的交叉项系数0.004在1%水平上显著为正；在货币政策宽松期，结果显示货币政策与企业战略的交叉项系数0.002在1%水平上显著为正。这说明无论是在货币政策紧缩期还是货币政策宽松期，企业所处的市场地位越高，企业战略与商业信用之间的正相关关系都显著增强。但货币政策紧缩时期的样本组，其企业战略与市场地位的交叉项系数大于货币政策宽松时期的样本组（即0.004>0.002），假设3的结论依然成立。

表5－9　模型（5－2）的稳健性检验（以应付账款占总资产的比重衡量商业信用）

	MODEL3（ap）	
	紧缩期	宽松期
STRA	0.004 (1.061)	0.001*** (3.065)
MP	0.008 (0.042)	0.052** (2.944)

续表

	MODEL3 (ap)	
	紧缩期	宽松期
MP * STRA	0.004*** (7.336)	0.002*** (5.196)
SIZE	0.001*** (0.965)	0.004*** (3.565)
AGE	0.004 (0.687)	0.007* (1.293)
CFO	0.029*** (3.843)	0.031*** (5.55)
ROA	−0.081*** (−8.318)	−0.064*** (−8.276)
LIQ	0.008 (1.626)	−0.001 (−0.29)
AR	0.156*** (19.878)	0.142*** (21.974)
BANK	−0.038*** (−6.255)	−0.019*** (−3.883)
年度效应	控制	控制
公司固定效应	控制	控制
R^2	0.107	0.082
F 值	64.71***	66.286***
观测值	7 941	9 968

2. 市场地位的度量

为保持结果的稳健性，本书借鉴谈多娇（2010）、张会丽和吴有红（2012）的方法，分别采用市场势力和产品市场竞争优势来界定企业的市场地位。市场势力是指企业的市场份额增长率（MS），是一个连续变量。产品市场竞争优势（MPL）是经行业调整的企业净资产收益率（ROE），净资产收益率（ROE）大于行业平均值的企业，MPL=1，表示企业市场地位较高；净资产收益率（ROE）小于等于行业平均值的企业，MPL=0，表示企业市场地位较低。

表 5-10 是将模型（5-2）中的市场地位用“市场势力”和“产

品市场竞争优势”替换后所得到的实证检验结果。表 5-10 的结果显示，MODEL1 以企业的市场份额增长率（MS）衡量市场地位、以商业信用融资总额为因变量时，在货币政策紧缩期和货币政策宽松期，货币政策与企业战略的交叉项系数均为 0.003，在 1%水平上显著为正。MODEL2 以企业获得的商业信用融资净额为因变量时，在货币政策紧缩期和货币政策宽松期，货币政策与企业战略的交叉项系数仍然为 0.003，在 1%水平上显著为正。这说明以企业的市场份额增长率（MS）衡量市场地位时，货币政策的不同时期对企业战略和商业信用之间的关系的影响没有显著差别。

表 5-10　模型（5-2）的稳健性测试：以市场势力（MS）衡量市场地位

	MODEL1（AP）		MODEL2（NCR）	
	紧缩期	宽松期	紧缩期	宽松期
STRA	0.012* (1.769)	0.019*** (3.207)	0.014** (2.105)	0.019*** (3.274)
MS	0.006*** (6.064)	0.002** (2.623)	0.005*** (5.694)	0.002** (3.139)
MS＊STRA	0.003*** (4.930)	0.003*** (8.187)	0.003*** (4.849)	0.003*** (7.910)
SIZE	0.016*** (8.811)	0.023*** (13.415)	0.016*** (8.830)	0.022*** (13.004)
AGE	0.015 (1.435)	0.038*** (4.019)	0.015 (1.490)	0.035*** (3.756)
CFO	0.157*** (12.451)	0.161*** (16.838)	0.157*** (12.534)	0.155*** (16.297)
ROA	−0.224*** (−13.366)	−0.186*** (−13.959)	−0.219*** (−13.184)	−0.174*** (−13.209)
LIQ	0.109*** (12.738)	0.083*** (12.190)	0.11*** (12.933)	0.081*** (12.054)
AR	0.182*** (13.842)	0.171*** (15.651)	−0.806*** (−61.732)	−0.82*** (−75.675)
BANK	−0.098*** (−9.567)	−0.082*** (−9.731)	−0.096*** (−9.411)	−0.081*** (−9.686)

续表

	MODEL1（AP）		MODEL2（NCR）	
	紧缩期	宽松期	紧缩期	宽松期
年度效应	控制	控制	控制	控制
公司固定效应	控制	控制	控制	控制
R^2	0.153	0.140	0.465	0.501
F 值	94.604***	120.742***	457.125***	743.947***
观测值	7 777	9 943	7 777	9 943

表 5-11 是将模型（5-2）中的市场地位用“产品市场竞争优势(MPL)”替换后所得到的实证检验结果。其中，MODEL1 以企业获得的商业信用融资总额为因变量，在货币政策紧缩期，结果显示货币政策与企业战略的交叉项系数为 0.005，在 1%水平上显著为正；在货币政策宽松期，结果显示货币政策与企业战略的交叉项系数为 0.004，在 1%水平上显著为正。这说明无论是在货币政策紧缩期还是货币政策宽松期，企业所处的市场地位越高，企业战略与商业信用之间的正相关关系都显著增强。但货币政策紧缩时期的样本组，其企业战略与市场地位的交叉项系数大于货币政策宽松时期的样本组（即 0.005>0.004），假设 3 的结论依然成立。

MODEL2 以企业获得的商业信用融资净额为因变量，在货币政策紧缩期，结果显示货币政策与企业战略的交叉项系数为 0.005，在 1%水平上显著为正；在货币政策宽松期，结果显示货币政策与企业战略的交叉项系数为 0.004，在 1%水平上显著为正。这说明无论是在货币政策紧缩期还是货币政策宽松期，企业所处的市场地位越高，企业战略与商业信用净额之间的正相关关系显著增强。但货币政策紧缩时期的样本组，其企业战略与市场地位的交叉项系数大于货币政策宽松时期的样本组（即 0.005>0.004），假设 3 的结论依然成立。

表 5-11　模型（5-2）的稳健性测试：以产品市场竞争优势（MPL）衡量市场地位

	MODEL1（AP）		MODEL2（NCR）	
	紧缩期	宽松期	紧缩期	宽松期
STRA	0.022*** (3.392)	0.028*** (4.901)	0.024*** (3.692)	0.029*** (5.017)
MPL	0.01 (1.146)	0.011 (1.445)	0.009 (1.036)	0.013* (1.731)
MPL * STRA	0.005*** (7.853)	0.004*** (7.675)	0.005*** (7.506)	0.004*** (7.564)
SIZE	0.018*** (9.746)	0.024*** (14.966)	0.018*** (9.732)	0.024*** (14.631)
AGE	0.014 (1.35)	0.037*** (3.862)	0.014 (1.405)	0.034*** (3.601)
CFO	0.158*** (12.49)	0.162*** (16.919)	0.158*** (12.571)	0.156*** (16.43)
ROA	−0.281*** (−9.81)	−0.235*** (−10.279)	−0.272*** (−9.555)	−0.227*** (−10.027)
LIQ	0.106*** (12.418)	0.082*** (12.039)	0.107*** (12.622)	0.081*** (11.924)
AR	0.18*** (13.644)	0.175*** (16.109)	−0.808*** (−61.698)	−0.816*** (−75.675)
BANK	−0.098*** (−9.511)	−0.081*** (−9.614)	−0.095*** (−9.351)	−0.08*** (−9.562)
年度效应	控制	控制	控制	控制
公司固定效应	控制	控制	控制	控制
R^2	0.149	0.137	0.464	0.499
F 值	92.11***	117.176***	454.934***	738.219***
观测值	7 783	9 953	7 783	9 953

5.5　研究结论与启示

作为国家调控宏观经济的重要手段，货币政策通过调节经济运

行中的资金量来调节经济发展速度，是影响企业商业信用的重要的宏观特征。

本书基于沪深两市 2007—2016 年 A 股上市公司的样本，探讨了货币政策这个宏观调节变量对企业战略和商业信用之间正相关关系的调节作用。检验结果发现：

（1）与货币政策宽松时期相比，企业在货币政策紧缩时期，由于社会资金供应量减少，企业信贷融资额度大幅度下降，商业信用的供给也随之减少，企业战略与商业信用的正相关关系减弱。但进一步按企业性质进行分组检验后发现，这种减弱的效应只存在于国有企业中。这是因为在货币政策紧缩时期，我国特有的制度背景所导致的信贷歧视，使得国有企业的银行信贷所受到的冲击明显小于非国有企业，因而融资需求的变化没有非国有企业大，但由于货币政策紧缩时期导致商业信用的供给减少，相应获得的商业信用也减少。

（2）本书将影响商业信用的微观因素（市场地位）和宏观因素（货币政策）相结合，通过货币政策的分组检验发现，在货币政策紧缩时期，由于社会资金供应量减少，企业的融资需求增加，企业的市场地位越高，越可凭借其较高的市场地位，采取威胁更换供应商和销售商等方式来强迫供应链上下游提供商业信用，从而获取较多的商业信用，满足其融资需求，企业战略与商业信用的正相关关系越强。本研究有效拓展了宏观经济政策与微观企业行为相结合的研究范畴。

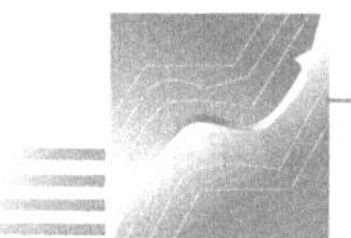

第 6 章　研究结论、研究局限和展望

6.1　研究结论

本书以 2007—2016 年中国 A 股上市公司为研究对象，利用现代企业财务的相关理论，基于商业信用的替代性融资理论和买方市场理论，探讨了企业实行不同的战略，对获取商业信用这一非正规的债务融资方式的影响。分别从企业战略影响商业信用的内在机理、企业自身的微观特征——市场地位对二者关系的调节作用以及宏观经济政策中的货币政策对二者关系的调节作用三个角度，论证了我国制度背景下，企业实行不同的战略，是如何影响上市公司的债务融资行为，如何影响商业信用这一非正规的债务融资方式的

规模等，并在讨论过程中将微观的企业特征和宏观的经济政策纳入研究体系，分别从微观和宏观两个角度进行了系统研究，得出以下主要研究结论：

（1）基于商业信用的替代性融资理论和企业实行不同的战略所导致的融资需求不同，探讨了企业战略对商业信用的影响。研究发现，企业战略对银行信贷的替代性融资方式——商业信用有显著影响。企业战略与商业信用呈正相关关系，即企业战略越激进，获得的商业信用越多。

然后进一步细化讨论了企业战略分别对商业信用获取渠道和商业信用模式选择的影响。从商业信用的获取渠道来比较，无论是处于上游的供应商，还是处于下游的客户，战略越激进的企业获得的商业信用更多。从商业信用模式来比较，战略越激进的企业在交易成本较低的商业信用模式（如应付账款、预收账款）的使用方面越高。

最后，本书通过中介效应检验，对企业战略影响商业信用的内在机理进行了探讨。研究发现，实行进攻型战略的企业，其融资需求显著高于实施防御型战略的企业，而融资需求高的企业，获得的商业信用也高，Sobel 检验发现融资需求是企业战略影响商业信用的中介变量。

（2）基于商业信用的竞争性假说和其主要理论——买方市场理论，探讨了企业的市场地位这个微观特征对企业战略和商业信用之间关系的调节作用。研究发现，市场地位越高，企业战略与商业信用之间的正相关关系越强。

然后，进一步按照企业的融资约束程度和企业所处行业的竞争程度进行分组研究，结果发现，融资约束较强的企业的市场地位越高，企业战略与商业信用之间的正相关关系显著增强；而无融资约束或融资约束较弱的企业，市场地位对企业战略与商业信用之间的正相关关系的影响不显著。所处行业竞争程度高的企业，其市场地位越高，越倾向于凭借其较高的市场地位获取更多的商业信用。在企业债务融资方式的选择上，市场地位越高，实施进攻型战略的企业越倾向于选择融资成本较低的商业信用作为满足其融资需求的债务融资方式。

（3）通过引入货币政策这个宏观经济政策作为调节变量，探讨了货币政策对企业战略和商业信用之间关系的调节作用。研究发现，与货币政策宽松时期相比，企业处于货币政策紧缩时期时，企业战略与商业信用的正相关关系减弱。

产权性质是研究我国特殊制度背景下企业融资行为的一个重要因素，本书基于我国特有的制度背景所导致的信贷歧视，以产权性质作为分组依据，探讨国有企业和非国有企业所处货币政策不同时期时，对企业战略和商业信用之间关系的影响是否有差异。研究发现，货币政策紧缩时期，国有企业在信贷方面受的冲击比民营企业小，企业战略与商业信用之间正相关关系的减弱效应只存在于国有企业中。

最后，结合市场地位这个重要的企业微观因素，探讨了当企业处于货币政策的不同时期时，市场地位对企业战略和商业信用之间关系的调节作用是否有差异。通过货币政策的分组检验发现，在货币政策紧缩时期，企业的市场地位越高，企业战略与商业信用的正相关关系越强。

6.2 研究局限与研究展望

本书存在以下研究不足：

1. 企业战略的度量

本书对企业战略的度量主要是参考 Bentley et al.（2013）利用财

务数据从 6 个维度来构造衡量企业战略的方法。这一方法的好处是可以从目前公开的数据库中获取所需的数据，实现了企业战略的大样本研究，但由于企业各项财务数据之间相互影响，这种衡量方法可能存在噪声，未来可结合传统的问卷调查、访谈管理层或利用新的技术方法进行补充研究，比如通过收集公司财务报告中关于企业战略表述的语言，分析其中的高频词汇来判断其战略类型，以期获得更稳健的结论。

2. 企业战略对企业提供商业信用的影响

虽然商业信用的研究持续多年，一直是实务界和学术界的研究热点，但现有研究要么单独分析商业信用的提供，要么单独分析商业信用的获得，而没有文献同时分析商业信用的使用和提供。这是因为对一个企业而言，商业信用的使用和提供是同时存在且相互影响的，而这种相互影响的关系在企业实务中非常复杂，很难剥离开，所以现有文献多集中在研究商业信用的融资功能方面，即影响商业信用获得的因素。

本书也是从商业信用获得的角度来分析企业战略与商业信用融资之间的关系。考虑到企业中商业信用的提供和获得是同时存在且相互影响的关系，企业从供应链上下游获得的商业信用越多，相应的可能提供的商业信用基础也越多；反之，企业提供的商业信用越多，占用自身的经营性资金也越多，相应的对商业信用的需求也越高。如果割裂开来，只以企业获得的商业信用总额来度量，则不能完全真实地反映商业信用的状况。所以本书在第 3～5 章的实证检验中，对商业信用的度量除了采用商业信用融资总额来度量外，还采用了考虑企业提供商业信用后所获得的商业信用融资净额来度量。

为了更清晰、更全面地研究企业战略对商业信用的影响，今后还可以研究企业战略对商业信用提供的影响，然后通过联立方程模型将企业战略对商业信用的提供和获得两方面的影响关联起来综合分析。

3. 企业战略影响商业信用的机理

本书从融资需求的角度通过中介效应的检验分析了企业战略影响商业信用的机理，今后可从商业信用供给的角度来分析企业战略影响商业信用的内在机理。

4. 加强宏观经济因素对企业战略和商业信用之间关系的研究

企业战略不完全是内生的，宏观经济对企业的影响越来越不可忽视，除公司层面的影响因素外，宏观经济因素如货币政策、经济周期等也会对企业实行不同战略获取商业信用产生重要影响，未来的研究应进一步加强外部宏观经济因素对企业战略和商业信用之间关系的研究。

要加强外部宏观经济因素对企业战略和商业信用之间关系的研究，一个不能回避的问题就是研究样本的样本期间不能太短。由于企业战略的度量是将 6 个变量取过去 5 年的平均值来计算的，而现有数据库最早从 2007 年才开始披露研发支出的数据。本书在第 3 章和第 4 章的实证检验中，虽然数据采集的样本年度为 2007—2016 年，但实际计算得到的企业战略的数据是 2011—2016 年。

在第 5 章分析货币政策对企业战略和商业信用之间关系的影响时，这个样本期间显然不够用，为了对样本期间进行扩展，第 5 章度量企业战略时，用无形资产代替研发支出，将实际计算得到的企业战略的数据扩展到了 2007—2016 年，今后随着时间的推移，可以将样本期间扩展到更长的时间范围，以方便研究经济周期等宏观经济政策或外部环境对企业战略和商业信用之间关系的影响。

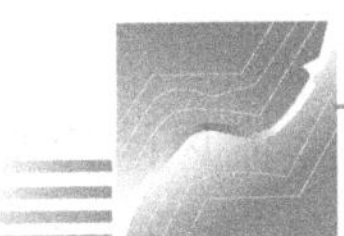

参考文献

[1] 白俊，王婉婉．国有股权能缓解宏观经济的冲击吗？——基于微观企业投资视角的研究．会计与经济研究，2017 (11)．

[2] 曹明．河南推进创新驱动的实践与探索．决策探索（下），2018 (1)．

[3] 曹云翔，宫旭红．商业信用能否缓解企业信贷约束——基于企业产权异质性的实证分析．现代财经（天津财经大学学报），2015 (6)．

[4] 陈骏，徐玉德．高管薪酬激励会关注债权人利益吗？——基于我国上市公司债务期限约束视角的经验证据．会计研究，2012 (9)．

[5] 陈彦百，陈如焰．企业战略、终极控制人与现金持有水平——基于我国A股上市公司数据的分析．商业研究，2017 (12)．

[6] 陈运森、王玉涛. 审计质量、交易成本与商业信用模式. 审计研究，2010 (11).

[7] 陈志斌，王诗雨. 产品市场竞争对企业现金流风险影响研究——基于行业竞争程度和企业竞争地位的双重考量. 中国工业经济，2015 (3).

[8] 代冰彬，陈亚婷，史晓芬. 货币政策、会计稳健性与过度投资. 会计论坛，2017 (10).

[9] 邓路，曲悠. 货币政策、商业信用与公司业绩增长. 财务研究，2016 (3).

[10] 渡边真理子，柳川范之. 商业信用合同的履行概率，其外部性及现金需求——中国案例. 金融研究，2009 (7).

[11] 樊纲，王小鲁，朱恒鹏. 中国市场指数——各省区市场化相对进程（2011 年度报告）. 北京：经济科学出版社，2011.

[12] 樊纲. 企业间债务与宏观经济波动（上）. 经济研究，1996 (3).

[13] 樊纲. 企业间债务与宏观经济波动（下）. 经济研究，1996 (4).

[14] 方明月. 市场竞争、财务约束和商业信用——基于中国制造业企业的实证分析. 金融研究，2014 (2).

[15] 高梦捷. 公司战略、高管激励与财务困境. 财经问题研究，2018 (3).

[16] 高擎新时代“科学指南针”肩负起科技创新新使命. 今日科技，2017 (12).

[17] 高善文. 企业间货款拖欠的经济分析和实证检验. 金融研究，1997 (4).

[18] 韩忠雪，周婷婷. 产品市场竞争、融资约束与公司现金持有：基于中国制造业上市公司的实证分析. 南开管理评论，2011 (8).

[19] 何熙琼，尹长萍．企业战略差异能否影响分析师盈余预测——基于中国证券市场的实证研究．南开管理评论，2018（4）．

[20] 洪正，冯传奇．利率市场化能缓解企业的融资约束吗？——基于我国上市公司的实证研究．天府新论，2018（1）．

[21] 侯德帅，董曼茹，付彬．公司战略差异、真实盈余管理与股价崩盘风险．财会通讯，2018（4）．

[22] 胡泽，夏新平，曹立竑．金融危机时期商业信用的产品市场竞争动机．金融研究，2014（2）．

[23] 胡泽，夏新平，余明桂．金融发展、流动性与商业信用：基于全球金融危机的实证研究．南开管理评论，2013（6）．

[24] 黄波，王满，吉建松．战略差异、环境不确定性与商业信用融资．现代财经（天津财经大学学报），2017（12）．

[25] 黄继承，姜付秀．产品市场竞争与资本结构调整速度．世界经济，2015（7）．

[26] 黄兴孪，邓路，曲悠．货币政策、商业信用与公司投资行为．会计研究，2016（2）．

[27] 姜付秀，刘志彪．行业特征、资本结构与产品市场竞争．管理世界，2005（10）．

[28] 姜付秀，刘志彪．经济波动中的资本结构与产品市场竞争．金融研究，2005（12）．

[29] 江伟，曾业勤．金融发展、产权性质与商业信用的信号传递作用．金融研究，2013（6）．

[30] 金碚．债务支付拖欠对当前经济及企业行为的影响．经济研究，2006（5）．

[31] 李辰颖，刘红霞．基于买方市场理论的 CEO 声誉与商业信用融资关系研究．经济与管理研究，2013（8）．

[32] 李斌，江伟．金融中介与商业信用：替代还是互补——基

于中国地区金融发展的实证分析. 河北经贸大学学报，2006（1）.

[33] 李高波，朱丹. 战略异质性与现金持有——基于预防动机的实证检验. 东岳论丛，2016（8）.

[34] 李卉，付文林. 税收政策、融资现金流与企业投资选择. 现代经济探讨，2018（4）.

[35] 李青原，陈晓，王永海. 产品市场竞争、资产专用性与资本结构——来自中国制造业上市公司的经验证据. 金融研究，2007（4）.

[36] 李文贵，余明桂. 所有权性质、市场化进程与企业风险承担. 中国工业经济，2012（12）.

[37] 李志刚，施先旺. 战略差异、管理特征与银行借款契约——基于风险承担的视角. 中南财经政法大学学报，2016（3）.

[38] 梁权熙，田存志，詹学斯. 宏观经济不确定性、融资约束与企业现金持有行为——来自中国上市公司的经验证据. 南方经济，2012（4）.

[39] 刘宝财. 内部控制、产权性质与商业信用——基于货币政策紧缩视角的检验. 南京审计学院学报，2014（5）.

[40] 刘凤委，李琳，薛云奎. 信任、交易成本与商业信用模式. 经济研究，2009（8）.

[41] 刘行. 企业的战略类型会影响盈余特征吗——会计稳健性视角的考察. 南开管理评论，2016（8）.

[42] 刘刚，于晓东. 高管类型与企业战略选择的匹配——基于行业生命周期与企业能力生命周期协同的视角. 中国工业经济，2015（10）.

[43] 刘欢，邓路，廖明情. 公司的市场地位会影响商业信用规模吗?. 系统工程理论与实践，2015（12）.

[44] 刘井建，李惠竹，郝康鑫，纪丹宁. 现金持有动态调整的

非对称性——融资约束与高管私利的影响机制．系统工程，2017（8）．

（45）刘仁伍，盛文军．商业信用是否补充了银行信用体系．世界经济，2011（11）．

[46] 刘小鲁．我国商业信用的资源再配置效应与强制性特征——基于工业企业数据的实证检验．中国人民大学学报，2012（1）．

[47] 刘媛媛，钟覃琳．货币紧缩、现金锁定与现金持有价值．会计研究，2018（2）．

[48] 刘运国，吴小蒙，蒋涛．产权性质、债务融资与会计稳健性——来自中国上市公司的经验证据．会计研究，2010（1）．

[49] 路晓蒙，侯晓华，尹志超．产品市场竞争、不确定性与企业储蓄率——来自中国工业企业数据库的经验证据．上海金融，2018（6）．

[50] 卢秀锋．诚信、信息透明度与商业信用融资——来自深市制造业上市公司的经验证据．国际商务财会，2014（5）．

[51] 陆正飞，祝继高，樊铮．银根紧缩、信贷歧视与民营上市公司投资者利益损失．金融研究，2009（7）．

[52] 陆正飞，杨德明．商业信用：替代性融资，还是买方市场．管理世界，2011（4）．

[53] 陆正飞，祝继高，孙便霞．盈余管理、会计信息与银行债务契约．管理世界，2008（3）．

[54] 吕先锫，王宏健．企业社会责任与商业信用模式——基于信任的视角．南京审计学院学报，2015（11）．

[55] 马红，侯贵生，王元月．短贷长投对企业创新可持续性支持的实证研究．科技进步与对策，2018（3）．

[56] 迈克尔·希特，杜安·爱尔兰，罗伯特·霍斯．概念与案例．战略管理，2017（12）．

[57] 饶品贵，姜国华．货币政策波动、银行信贷与会计稳健

性. 金融研究，2011 (3).

[58] 饶品贵，姜国华. 货币政策、信贷资源配置与企业业绩. 管理世界，2013 (3).

[59] 饶品贵，姜国华. 货币政策对银行信贷与商业信用互动关系影响研究. 经济研究，2013 (1).

[60] 石晓军，李杰. 商业信用与银行借款的替代关系及其反周期性：1998—2006 年. 财经研究，2009 (3).

[61] 石晓军，张顺明，李杰. 商业信用对信贷政策的抵消作用是反周期的吗? 来自中国的证据. 经济学 (季刊)，2009 (10).

[62] 孙健，王百强，曹丰，刘向强. 公司战略影响盈余管理吗. 管理世界，2016 (3).

[63] 史玉凤. 企业高风险筹资组合及其风险防范. 社会科学战线，2005 (7).

[64] 宋文娟，袁媛. 投资者法律保护、会计信息质量与过度投资. 财会月刊，2012 (11).

[65] 孙浦阳，李飞跃，顾凌骏. 商业信用能否成为企业有效的融资渠道——基于投资视角的分析. 经济学 (季刊)，2014 (7).

[66] 谭伟强. 商业信用：基于企业融资动机的实证研究. 南方经济，2006 (12).

[67] 谈多娇，张兆国，刘晓霞. 资本结构与产品市场竞争优势——来自中国民营上市公司和国有控股上市公司的证据. 中国软科学，2010 (10).

[68] 孙健，王百强，曹丰. 公司战略影响股价崩盘风险吗?. 经济管理，2016 (12).

[69] 唐弋宇. 产权性质与中国上市公司债务融资结构的实证研究. 现代管理科学，2011 (5).

[70] 王福胜，宋海旭. 终极控制人、多元化战略与现金持有水

平. 管理世界，2012 (7).

[71] 王百强，侯粲然，孙健. 公司战略对公司经营绩效的影响研究. 中国软科学，2018 (1).

[72] 王化成，张修平，侯粲然，李昕宇. 企业战略差异与权益资本成本：基于经营风险和信息不对称的中介效应研究. 中国软科学，2017 (9).

[73] 王化成，刘欢，高升好. 经济政策不确定性、产权性质与商业信用. 经济理论与经济管理，2016 (5).

[74] 王化成，张修平，高升好. 企业战略影响过度投资吗?. 南开管理评论，2016 (8).

[75] 王化成，张伟华，佟岩. 广义财务管理理论结构研究——以财务管理环境为起点的研究框架回顾与拓展. 科学决策，2011 (6).

[76] 王淑娟，叶蜀君，解方圆. 金融发展、金融创新与高新技术企业自主创新能力——基于中国省际面板数据的实证分析. 软科学，2018 (3).

[77] 王喜. 商业信用决策动因研究综述. 现代经济信息，2013-02-08.

[78] 王彦超，林斌. 金融中介、非正规金融与现金价值. 金融研究，2008 (2).

[79] 王义中，宋敏. 宏观经济不确定性、资金需求与公司投资. 经济研究，2014 (2).

[80] 王禹，胡国柳. 代理冲突、企业战略选择与股价崩盘风险. 财会通讯，2018 (6).

[81] 王周伟，王许利. 货币政策、商业信用与企业流动性风险——来自中国A股市场的经验证据. 会计与经济研究，2015 (11).

[82] 王竹泉，王贞洁，李静. 经营风险与营运资金融资决策. 会计研究，2017 (5).

[83] 魏群，靳曙畅．货币政策、商业信用与科技创新投资．科技进步与对策，2018 (3).

[84] 邬丹，王莹．企业市场地位与其经营性融资关系的实证研究．商业时代，2013 (12).

[85] 习近平．决胜全面建成小康社会 夺取新时代中国特色社会主义伟大胜利——在中国共产党第十九次全国代表大会上的报告．理论学习，2017-12-10.

[86] 希特．战略管理：概念与案例：第 12 版．北京：中国人民大学出版社，2017.

[87] 徐虹，林钟高，余婷，何亚伟．内部控制有效性、会计稳健性与商业信用模式．审计与经济研究，2013 (4).

[88] 许立志．产品市场竞争对公司治理与财务重述关系调节效应研究——来自我国沪深 A 股的经验证据．财会通讯，2017 (1).

[89] 徐晓萍，李猛．商业信用的提供：来自上海市中小企业的证据．金融研究，2009 (6).

[90] 杨兴全，张兆慧．战略差异如何影响公司现金持有．贵州财经大学学报，2018 (5).

[91] 杨勇，黄曼丽，宋敏．银行贷款、商业信用融资及我国上市公司的公司治理．南开管理评论，2009 (10).

[92] 姚海鑫，李璐．共享审计可以提高并购绩效吗？——来自中国 A 股上市公司的经验证据．审计与经济研究，2018 (4).

[93] 叶康涛，董雪雁，崔倚菁．企业战略定位与会计盈余管理行为选择．会计研究，2015 (10).

[94] 叶康涛，张姗姗，张艺馨．企业战略差异与会计信息的价值相关性．会计研究，2014 (5).

(95) 叶炜．独立审计、企业声誉和商业信用融资能力．财会通讯，2015 (5).

[96] 应千伟，蒋天娇．市场竞争力、国有股权与商业信用融资．山西财经大学学报，2012 (9).

[97] 于博．商业信用、信号效应与银行融资——基于 A 股制造业上市企业的实证分析．证券市场导报，2017 (1).

[98] 余明桂，潘红波．金融发展、商业信用与产品市场竞争．管理世界，2010 (8).

[99] 袁建国，后青松，程晨．企业政治资源的诅咒效应——基于政治关联与企业技术创新的考察．管理世界，2015 (1).

[100] 乐菲菲，张金涛．CEO 政治关联会增加企业银行贷款的财务风险吗？——基于贷款方式多样化的视角．中南大学学报（社会科学版），2018 (3).

[101] 张多蕾，章晶晶，王治．CEO 权力、股权集中度与企业投资羊群行为．渤海大学学报（哲学社会科学版），2018 (5).

[102] 张杰，冯俊新．中国企业间货款拖欠的影响因素及其经济后果．经济理论与经济管理，2011 (7).

[103] 张杰，刘元春，翟福昕，芦哲．银行歧视、商业信用与企业发展．世界经济，2013 (9).

[104] 张林，丁鑫，王佳．货币政策、商业信用与研发投入——基于产权性质差异的实证研究．商业研究，2018 (4).

[105] 张西征，秦婷．通货膨胀、市场地位对商业信用的影响．当代经济，2017 (1).

[106] 张先治，柳志南．公司战略、产权性质与风险承担．中南财经政法大学学报，2017 (9).

[107] 张新民，王珏，祝继高．市场地位、商业信用与企业经营性融资．会计研究，2012 (8).

[108] 张燕生．转换增长动力是现代化新征程的关键一环．全球化，2018 (1).

[109] 赵馨燕. 改善云南省民营企业融资成本之对策研究. 中国管理信息化，2013 (9).

[110] 赵翔宇. 商业信用影响因素研究：来自银行信贷的证据. 金融理论与实践，2008 (6).

[111] 赵振洋，赵丽娜，杨建平. 高质量社会责任报告能有效应对企业系统风险吗?. 南京审计大学学报，2017 (12).

[112] 郑国坚，曹雪妮. 集团控制是否损害上市公司价值——最终控制人和市场化进程的双重视角. 中山大学学报（社会科学版），2012 (3).

[113] 郑军，林钟高，彭琳. 高质量的内部控制能增加商业信用融资吗? ——基于货币政策变更视角的检验. 会计研究，2013 (6).

[114] 周兵，黄芳，任政亮. 企业竞争战略与盈余持续性. 中国软科学，2018 (3).

[115] 周虹，龚海涛. 企业战略对企业经营绩效的影响研究——基于我国西部地区上市企业的研究. 天津商务职业学院学报，2018 (6).

[116] 祝继高，陆正飞. 货币政策、企业成长与现金持有水平变化. 管理世界，2009 (3).

[117] Aktas. N., Bodt. E., Lobez. F., Statnik. J. The Information Content of Trade Credit. Journal of Banking & Finance, 2012, Vol. 36 (5): 1402-1413.

[118] Allen. F., Qian. J., Qian. M. Law, Finance, and Economic Growth in China. Journal of Financial Economics, 2004, Vol. 77 (6): 57-116.

[119] Andrews. K. R. The Concept of Corporate Strategy. Homewood, 1997.

[120] Aslan. H., Kumar. P. Strategic Ownership Structure and the Cost of Debt. The Review of Financial Studies, 2012, Vol. 25 (7): 2257-2299.

[121] Atanasova. C. Access to Institutional Finance and the Use of Trade Credit. Financial Management, 2007, Vol. 36 (1): 49-67.

[122] Ayyagari. M., Demirgüç-Kunt. A., Maksimovic. V. Formal versus Informal Finance: Evidence from China. Review of Financial Studies, 2010, Vol. 23 (8): 3048-3097.

[123] Bastos. R., Pindado. J. Trade Credit during a Financial Crisis: A Panel Data Analysis. Journal of Business Research, 2013, Vol. 66 (5): 614-620.

[124] Baum. C. F., Caglayan. M., Ozkan. N., Talavera. O. The Impact of Macroeconomic Uncertainty on Non-Financial Firms' Demand for Liquidity. Review of Financial Economics, 2006, Vol. 15 (4): 289-304.

[125] Ben-Nasr. H., Boubaker. S., Rouatbi. W. Ownership Structure, Control Contestability, and Corporate Debt Maturity. Journal of Corporate Finance, 2015, Vol. 35 (12): 265-285.

[126] Bentley, K. A. T. 12C. Omer and N. Y. SharpBusiness Strategy, Financial Reporting Irregularities and Audit Effort. Contemporary Accounting Research, 2013, Vol. 30 (6): 780-817.

[127] Biddle. G. C., Hilary. G. Accounting Quality and Firm—Level Capital Investment. The Accounting Review, 2006, Vol. 81 (5): 963-982.

[128] Bloom. N. The Impact of Uncertainty Shocks. Econometrica, 2009, Vol. 77 (3): 623-685.

[129] Borisova. G. , Fotak. V. , Holland. K. , Megginson. W. L. Government Ownership and the Cost of Debt: Evidence from Government Investments in Publicly Traded Firms. Journal of Financial Economics, 2015, Vol. 118 (1): 168-191.

[130] Bradley. M. , Chen. D. Does Board Independence Reduce the Cost of Debt. Financial Management, 2015, Vol. 44 (1): 15-47.

[131] Bruno. Biais. , Christian. Gollier. Trade Credit and Oredit Rationing. Review of Financial Studies, 1997, Vol. 10 (4): 903-937.

[132] Campello. M. , Graham. J. R. , Harvey. C. R. The Real Effects of Financial Constraints: Evidence from A Financial Crisis. Journal of Financial Economics, 2010.

[133] Chen. J. Z. , Lobo. G. J. , Wang. Y. , Yu. L. Loan Collateral and Financial Reporting Conservatism: Chinese Evidence. Journal of Banking & Finance, 2013, Vol. 37 (12): 4989-5006.

[134] Collins, F. , Holzmann, O. , Mendoza. R. Strategy, Budgeting, and Crisis in Latin America. Accounting. Organizations and Society, 1997, Vol. 22 (7): 669-689.

[135] Cooley. T. F. , Quadrini. V. Monetary Policy and the Financial Decisions of Firms. Economic Theory, 2006, Vol. 27 (1): 243-270.

[136] Coricelli, F. Finance and Growth in Economies in Transition. European Economic Review, 1996, Vol. 6 (40) : 645-653.

[137] Coulibaly B. Sapriza H. , Zlate, A. Financial Frictions, Trade Credit , and the 2008—09 global financial crisis. International Review of Economics & Finance, 2013, Vol. 26 (4):

25-38.

[138] Cull. R., Xu. L. C., Zhu. T. Formal Finance and Trade Credit during China's Transition. Journal of Financial Intermediation, 2009, Vol. 18 (2): 173-192.

[139] Cunat. V. Trade Credit: Suppliers as Debt Collectors and Insurance Providers. Review of Financial Studies, 2007, Vol. 20 (2): 491-527.

[140] Dai. B., Yang. F. Monetary Policy, Accounting Conservatism and Trade Credit. China Journal of Accounting Research, 2015, Vol. 8 (4): 295-313.

[141] Danielson. M. G., Scott. J. A. Bank Loan Availability and Trade Credit Demand. Financial Review, 2004, Vol. 39 (4): 579-600.

[142] Denis. D. J., Mihov. V. T. The Choice among Bank Debt, Non-Bank Private Debt, and Public Debt: Evidence from New Corporate Borrowings. Journal of Financial Economics, 2003, Vol. 70 (1): 3-28.

[143] Dent, J., F. Strategy, Organization and Control: Some Possibilities for Accounting Research. Accounting, Organization and Society, 1990, Vol. 15 (1): 3-25.

[144] Fabbri. D., Klapper. L. Trade Credit Supply, Market Power and the Matching of Trade Credit Terms. Policy Research Working Paper, World Bank, 2008.

[145] Fabbri. D., Menichini. A. M. C. Trade Credit, Collateral Liquidation, and Borrowing Constraints. Journal of Financial Economics, 2010, Vol. 96 (3): 413-432.

[146] Ferrando. A., Mulier. K. Do Firms Use the Trade Credit

Channel to Manage Growth. Journal of Banking & Finance, 2013, Vol. 37 (8): 3035-3046.

[147] Fisman. R., Love. I. Trade Credit, Financial Intermediary Development, and Industry Growth. The Journal of Finance, 2003, Vol. 58 (1): 353-374.

[148] Fisman. R., Raturi. M. Does Competition Encourage Credit Provision? Evidence from African Trade Credit Relationships. Review of Economics and Statistics, 2004, Vol. 86 (1): 345-352.

[149] Garcia-Appendini. E., Montoriol-Garriga. J. Firms as Liquidity Providers: Evidence from The 2007—2008 Financial Crisis. Journal of Financial Economics, 2013, Vol. 109 (1): 272-291.

[150] Ge. Y., Qiu. J. Financial Development, Bank Discrimination and Trade Credit. Journal of Banking & Finance, 2007, Vol. 31 (2): 513-530.

[151] Giannetti. M., Burkart. MV, Ellingsen. T. What You Sell is What You Lend? Explaining Trade Credit Contracts. Review of Financial Studies, 2011, Vol. 24 (4): 1261-1298.

[152] Guariglia. A., Mateut. S. Credit Channel, Trade Credit Channel, and Inventory Investment: Evidence from A Panel of UK Firms. Journal of Banking Finance, 2006, Vol. 30 (10): 2835-2856.

[153] Hambrick, D. C, Some Tests of the Effectiveness and Functional Attributes of Miles and Snow's Strategic Types. Academy of Management Journal, 1983, Vol. 26 (3): 5-26.

[154] Higgins, D., Omer, T. C., Phillips, J. D. The Influence of a Firm's Business Strategy on Its Tax Aggressiveness. Contemporary Accounting Research, 2015, Vol. 32 (2): 674-702.

[155] Huang. H., Shi. X., Zhang. S. Counter-Cyclical Substi-

tution between Trade Credit and Bank Credit. Journal of Banking & Finance, 2011, Vol. 35 (8): 1859-1878.

[156] Hui. K. W., Klasa. S., Yeung. P. E. Corporate Suppliers and Customers And Accounting Conservatism. Journal of Accounting and Economics, 2012, Vol. 53 (1): 115-135.

[157] Jain. N. Monitoring Costs and Trade Credit. The Quarterly Review of Economics and Finance, 2001, Vol. 41 (1): 89-110.

[158] Klapper. L., Laeven. L., Rajan. R. Trade Credit Contracts. Review of Financial Studies, 2012, Vol. 25 (3): 838-867.

[159] Kling. G., Paul. S. Y., Gonis. E. Cash Holding, Trade Credit and Access to Short-Term Bank Finance. International Review of Financial Analysis, 2014, Vol. 32 (3): 123-131.

[160] Lin. C., Ma. Y., Malatesta. P., Xuan. Y. Ownership Structure and the Cost of Corporate Borrowing. Journal of Financial Economics, 2011, Vol. 100 (1): 1-23.

[161] Love. I., Preve. L. A., Sarria-Allende. V. Trade Credit and Bank Credit: Evidence from Recent Financial Crises. Journal of Financial Economics, 2007, Vol. 83 (2): 453-469.

[162] Lyandres. E. Capital Structure and Interaction among Firms in Output Markets: Theory and Evidence. The Journal of Business, 2005, Vol. 79 (5): 2381-2421.

[163] Lyandres. E., Palazzo. B. Cash Holdings, Competition, and Innovation. Journal of Financial and Quantitative Analysis, 2016, Vol. 51 (6): 1823-1861.

[164] March, J. G. Exploration and Exploitation in Organizational Learning. Organization Science, 1991, Vol. 2 (1): 71-87.

[165] Mateut. S. Reverse Trade Credit or Default Risk? Explai-

ning the Use of Prepayments by Firms. Journal of Corporate Finance, 2014, Vol. 29 (12): 303-326.

[166] McKinnon. R. I. Money and Capital in Economic Development. Washington, DC: Brookings Institution, 1973.

[167] McMillan, J., Woodruff, C. Interfirm Relationships and Informal Credit in Vietnam. The Quarterly Journal of Economics, 1999, Vol. 58 (11): 1285-1320.

[168] Meltzer. A. H. Mercantile Credit, Monetary Policy, and Size of Firms. The Review of Economics and Statistics, 1960, Vol. 42 (4): 429-437.

[169] Meyer and Rowan. Institutionalized Organizations: Formal Structure as Myth and Ceremony, 1997, Vol. 83 (2): 340-363.

[170] Miles, R. E., Snow. C. Organizational Strategy, Structure and Process. New York: McGraw-Hill Press, 1978.

[171] Murfin. J., Njoroge. K. The Implicit Costs of Trade Credit Borrowing by Large Firms. Review of Financial Studies, 2015, Vol. 28 (1): 112-145.

[172] Nilsen. J. H. Trade Credit and Bank Lending Channel. Journal of Money, Credit, and Banking, 2002, Vol. 34 (1): 226-253.

[173] Nodari. G. Financial Regulation Policy Uncertainty and Credit Spreads in The US. Journal of Macroeconomics, 2014, Vol. 41 (9): 122-132.

[174] Opler. T. C., Titman. S. Financial Distress and Corporate Performance. The Journal of Finance, 1994, Vol. 49 (3): 1015-1040.

[175] Peress. J. Product Market Competition, Insider Trading,

and Stock Market Efficiency. The Journal of Finance, 2010, Vol. 65 (1): 1-43.

[176] Petersen. A., Rajan. G. Trade Credit: Theories and Evidence. Review of Financial Studies, 1997, Vol. 10 (3): 661-691.

[177] Raymdnd. Fisman, Inessa Love. Trade Credit, Financial Intermediary Development, and Industry Growth. The Journal of Finance, 2003, Vol. 58 (1) : 353-374.

[178] Singh. M. Threat of Entry: Trade Credit and the Defense of Market Power. Working Paper, 2015.

[179] J. Tang. J, M. Crossan., W. G. Rowe. Dominant CEO, Deviant Strategy, and Extreme Performance: The Moderating Role of a Powerful Board. Journal of Management Studies, 2012, Vol. 48 (7): 1479-1503.

[180] Wu. W., Firth. M., Rui. O. M. Trust and The Provision of Trade Credit. Journal of Banking & Finance, 2014, Vol. 39 (2): 146-159.

[181] Wu. W., Rui. O. M., Wu. C. Trade Credit, Cash Holdings, and Financial Deepening: Evidence From a Transitional Economy. Journal of Banking & Finance, 2012, Vol. 36 (11): 2868-2883.

[182] Yang. X. Trade Credit versus Bank Credit: Evidence from Corporate Inventory Financing. The Quarterly Review of Economics and Finance, 2011, Vol. 51 (4): 419-434.

图书在版编目（CIP）数据

企业战略与商业信用/陈永凤著. --北京：中国人民大学出版社，2020.5
ISBN 978-7-300-28152-0

Ⅰ.①企… Ⅱ.①陈… Ⅲ.①企业战略-影响-商业信用-研究 Ⅳ.①F830.56

中国版本图书馆 CIP 数据核字（2020）第 091111 号

企业战略与商业信用
陈永凤 著
Qiyezhanlüe yu Shangyexinyong

出版发行	中国人民大学出版社		
社　　址	北京中关村大街 31 号	**邮政编码**	100080
电　　话	010－62511242（总编室）		010－62511770（质管部）
	010－82501766（邮购部）		010－62514148（门市部）
	010－62511173（发行公司）		010－62515275（盗版举报）
网　　址	http://www.crup.com.cn		
经　　销	新华书店		
印　　刷	固安县铭成印刷有限公司		
开　　本	720 mm×1000 mm　1/16	**版　　次**	2020 年 5 月第 1 版
印　　张	12.5 插页 2	**印　　次**	2025 年 6 月第 2 次印刷
字　　数	153 000	**定　　价**	68.00 元